期货短线获利技巧丛书

期货交易

日内投机
常用技巧与实战

一阳/著

U0125352

电子工业出版社
Publishing House of Electronics Industry
北京·BEIJING

内 容 简 介

本书主要讲解日内投机交易的各种常用技巧。第 1 章讲解日内投机操作的基础知识，让投资者详细了解日内投机交易的特点、流程、风险性等。第 2 章讲解如何确定交易方向，以及如何选择交易目标。第 3 章讲解投资交易最重要的量价分析。第 4 章介绍价格波动时最为核心的反弹与调整的识别和操作技巧。第 5 章介绍指标的使用方法。第 6 章列举几种日内交易常使用的投机技巧。本书将理论知识与实战相结合，相信能够帮助广大投资者更好地提升自己的交易能力。

未经许可，不得以任何方式复制或抄袭本书之部分或全部内容。

版权所有，侵权必究。

图书在版编目（CIP）数据

期货交易：日内投机常用技巧与实战 / 一阳著. —北京：电子工业出版社，2022.1
（期货短线获利技巧丛书）
ISBN 978-7-121-42327-7

Ⅰ. ①期… Ⅱ. ①一… Ⅲ. ①期货交易－基本知识 Ⅳ. ①F830.9

中国版本图书馆 CIP 数据核字（2021）第 229023 号

责任编辑：黄爱萍
印　　刷：北京天宇星印刷厂
装　　订：北京天宇星印刷厂
出版发行：电子工业出版社
　　　　　北京市海淀区万寿路 173 信箱　　　邮编：100036
开　　本：720×1000　　1/16　　印张：14.75　　字数：236 千字
版　　次：2022 年 1 月第 1 版
印　　次：2023 年 8 月第 3 次印刷
定　　价：69.00 元

凡所购买电子工业出版社图书有缺损问题，请向购买书店调换。若书店售缺，请与本社发行部联系，联系及邮购电话：（010）88254888，88258888。
质量投诉请发邮件至 zlts@phei.com.cn，盗版侵权举报请发邮件至 dbqq@phei.com.cn。
本书咨询联系方式：（010）51260888-819，faq@phei.com.cn。

前　　言

我们来想象一下，如果老师不在，让小学生们上自习课会有什么样的情况发生呢？想必孩子们都会相互玩闹起来，根本不会去学习。并不是他们不想学习，而是他们根本不具备自学的能力。如果让大学生上自习呢？那学习效率可能会很高，因为大学生已经完全具备自学能力，明确知道自己该怎么学习，该学什么内容。当低年级的学生变成高年级的学生后，他们也将逐渐具备自学的能力，即使没有任何人督促，也可以很好地学习知识。

期货投资的学习又何尝不是这样呢？在期货投资这件事情上，许多投资者都犹如小学生一样，既不具备自学的能力，又缺乏市场经验。所以许多投资者感慨：我已经很用功地研究市场很久了，可为什么还会亏损呢？看到这里，就能清楚亏损的原因了：没有通过正确的途径全面提升自己，去掌握自学能力。只有具备了自学的能力，学习效率才会得到真正的提升，这也是"师傅领进门，修行在个人"的含义。所以，当你决定从事期货投资时，一定要先找到正确的学习途径，在具备了自学的能力之后，再进行自我精进。

期货投资是一项专业性很强的活动，具有一定的进入门槛，但其门槛也没有达到高不可攀的地步，本书可以成为你投资路上的希望之灯，为你照亮投资之路。

为回馈广大读者的支持，凡购买本书的读者可以添加笔者助教的微信或 QQ 号，获得以下福利：

（1）领取随书赠送的 20 个期货投资技巧教学视频，帮助读者进一步加深对市场的理解。

（2）免费参加为期两周的网络视频读者专享课。

（3）可参加每周二、周四晚 19:30 开始的免费网络直播投资技巧课程。

笔者团队具体的联系方式如下。

电话号码及微信号：18588880518

QQ 号：987858807

添加时请注明：读者

微信公众号：股期大讲堂，敬请扫码关注。

一阳

2021 年 10 月 1 日

目　　录

第 1 章

1

日内投机的基础知识

许多投资者都喜欢进行日内投机操作，这是因为使用这种方法交易的机会非常多，可以满足投资者们狂热的交易热情。在交易机会较多的前提下，日内投机交易的风险是很小的，就算是满仓操作也很少会出现大幅亏损的情况。而且日内投机操作不持仓隔夜，在收盘后投资者可以不必担心外盘走势对国内期货市场造成的干扰，因此，日内投机操作深受期货投资者们的欢迎。

每一种操作方法都有其特征，因此，第 1 章就为各位读者详细地介绍日内投机这种操作方法的基础知识及特征，相信读者通过学习，对日内投机操作会有更深入的了解，轻松应对未来的操作。

1.1 日内投机操作的基本认识

日内投机并不是趋势类的方法，持仓的时间不宜太长，只是在当天开盘的情况下进行操作。所以，日内操作的第一个特点就是：只在开盘时操作；而且与之对应的要求是，在收盘前必须出局。这里指的收盘是指日盘交易日下午 15 点的收盘及各期货品种夜盘的收盘。

从日盘收盘到夜盘开盘，中间有 6 个小时的间隔，而这个间隔期间国际期货品种价格依然在波动，所以容易产生风险。大家可能会有这样的经历：在日盘收盘时国内及国际期货品种的走势都在上涨，于是持仓隔夜；但就在这 6 个小时之中，国际期货品种的价格走势突然大幅下跌，导致国内的期货品种一开盘就纷纷大幅低开，原本能盈利的单子却仅仅因为这一次的隔夜持仓而变成了亏损的单子，这是非常可惜的事情。如果坚持日内投机操作，在收盘前清仓，任凭停牌期间国际期货价格如何波动都不会有风险。而日盘上午的小节停牌及中午停牌期间是可以持仓的，因为间隔时间并不长，就算有风险也不会很大。

在进行日内投机操作时，因为机会较多，所以投资者平均一天进行 8 次左右的操作是很正常的。大家若查看一下自己以往的交易就会发现，有这样一种现象：若当天操作的单子大多数是多单或者空单，就算这一天不盈利，也肯定不会有较大亏损；但若当天一会儿做多、一会儿做空，就容易产生亏损，而且往往还会亏得不少。这是什么原因呢？

当期货价格形成某种趋势的时候，这种趋势往往会延续一段时间，很少会来回转变，投资者的操作在某一个时间段内顺着行情趋势进行一个方向的交易，这样做其实是"顺势而为"，在这种情况下怎么可能会产生大的亏损呢？而如果在价格朝着某一个方向波动时，一会儿做多、一会儿做空，那么虽然正确方向的交易有盈利，但盈利会被错误方向的交易所吞噬，交易者的心态也会因为一会儿盈利、一会儿亏损出现波动。

并不是说一天之中的交易全部都做多单或者空单，而是在某一个时间段内，要始终保持一个方向的交易，在这个时间段过后，期货价格改变了方向，便又会形成下一个时间段内一个方向的交易。这个时间段基本上可以以小时为单位，所以，在进行日内操作时，一旦发现自己在一小时之内有 3 次以上"来回交易"的情况，就需要暂停操作，在理顺交易方向之后再进行操作，否则将会越做越乱。

虽然日内交易可盈利的机会有很多，但是，对交易次数的控制也是极为重要的。若只关注一个品种，并只对该品种进行操作，那么一天的交易次数大约是 5 次，若同时关注 4 个品种，并对这些品种进行操作，那么一天的合理交易次数是 8～12 次。

若交易次数太少，则说明投资者对交易机会的捕捉能力不足，虽然交易次数少是一种谨慎的行为，但在交易中，错过行情比做错方向更让人懊悔。在投资中，谨慎是必需的，但不能眼睁睁地看着机会溜走，这时投资者需要提高投资操作的能力。在日内交易中，除非期货价格一整天都在窄幅横盘，否则若总交易次数低于 3 次，投资者就需要好好学习一下相关的买卖技巧来提高自己捕捉机会的能力了。

虽然交易次数太少不好，但是交易次数太多（如超过 12 次）也是错误的，因为市场很少会在一天内提供这么多次标准技术形态的机会，在这些交易中，往往形态还没有形成投资者便急匆匆地入场操作了。市场不给机会却偏要去争取这个机会，那就只能被市场"教训"。

对于日交易次数过多的投资者，在学习期间可以这样做：每天的交易次数必须少于 3 次，因为投资者需要将那颗浮躁的心冷静下来，等到可以忍受每天交易次数少于 3 次之后，再慢慢放开手脚，把交易的次数增加到每天 8～12 次。

当投资者可以做到每一次操作都完全按照标准技术形态执行，没有丝毫人为主观判断因素时，就可以放开交易次数的限制了，因为这时投资者已经具备了怎么做都不会乱阵脚的能力，自然就可以取消交易次数的限制了。

进行日内交易，还对交易的品种选择、仓位控制等有着一系列的要求，这些都将在后面的章节中做详细介绍，现在让我们继续深入了解日内交易的独特魅力吧。

1.2 日内投机操作的风险与收益特性

在不同周期的 K 线图中,针对每一个技术形态的操作方法都是一致的,比如在 1 分钟 K 线中的 W 底形态与 1 小时 K 线图中的 W 底形态,其介入点的细节是完全一致的。所以,投资者一定要树立这样的理念:交易的是技术形态本身,而不是周期,盈亏由技术形态决定,而不是由某个周期决定的。并不是说在 1 分钟 K 线中盈利了,这个周期就是好周期;在 30 分钟 K 线中出现亏损了,这个周期就是不好的周期。盈亏的根源在于这个技术形态是否走成功了,与交易周期没有任何关系。

与交易周期有关的是盈利幅度,如果某个技术形态走成功了,那么,在不使用交易策略的情况下,周期越长则盈利的幅度越大,周期越短则盈利的幅度越小。所以,有一些投资者在长周期上进行操作,其目的就是想获得更高的收益。当然,高收益伴随着高风险,做过长周期交易的朋友应当有过这样的经历:在连续亏损三四次之后,本金的 50%就已经亏掉了,这个时候想翻身就必须要盈利超过一倍,极大地提高了操作难度。交易周期越长,亏损幅度越大。在交易长周期中,每一个失败的技术形态都会造成至少 20%的本金亏损,所以,长周期的投资不能重仓交易。

验证一个周期或者技术方法是否适合自己,可以这样做:观察在连续三笔交易之后你还能剩下多少资金,如果三笔交易连续亏损,且总亏损超过 50%,那么这个周期或技术方法肯定是不适合你的,但若连续三笔交易仅仅亏损 5%,那么这个周期或技术方法就可以运用,因为此时就算是满仓操作,也没有太大风险。

如果你的风险承受能力很强,那么可以直接进行长周期 K 线的操作。不过,绝大多数投资者很难做到这一点,因为大家都不希望亏损。那么,什么样的交易周期可以让投资者在形态失败时亏损比较少呢?那一定是短周期。

　　许多从事期货交易的投资者都喜欢进行日内投机交易，而许多炒股的投资者都喜欢进行短线操作，这是为什么呢？原因只有一个：在技术形态失败的初期，亏损的幅度都很小，就算日内交易是满仓操作，也绝对不会造成巨大的亏损。当然，也有一些投资者进行日内交易时产生了较大亏损，那是因为他们没有严格执行"止损纪律"、放任风险而不主动管理造成的。

　　交易风险首先与交易周期和技术形态的宽窄状态有关，其次与投资者是否对持仓进行了及时维护有关。如果交易周期较短，止损的技术形态幅度也不宽，并且投资者会主动管理持仓，那么交易风险肯定不会大。

　　如果你是一名风险厌恶型投资者，或者由于各种原因无法接受较大亏损，那么请一定要先从日内投机交易做起，而不要一开始进入期货市场就进行长周期的操作。

　　下面结合螺纹 2010 合约案例进行说明，如图 1-1 所示。

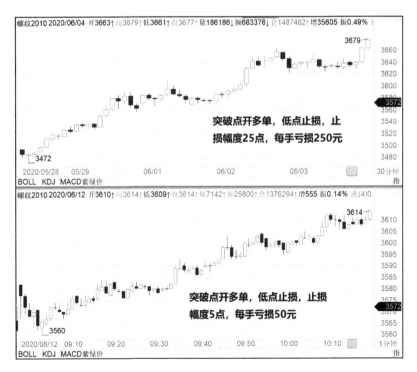

图 1-1

从螺纹 2010 合约走势来看，图中出现了两次多单突破的走势，这两次走势的技术形态高度相似，并且运用的操作方法也完全一样：若价格向上创出新高则入场做多，而后在价格调整到低点时则进行止损。由此可以看到，能不能盈利与使用什么交易周期没有任何关系，只与技术形态本身有关，若形态走成功了则盈利，若形态走失败了则亏损。

在 30 分钟 K 线图中，从突破点到止损点有 25 个点的差距，这意味着每手要亏损 250 元，按 10%保证金计算，亏损幅度大约为 7%，这是止损形态比较窄的案例，若是止损形态宽一些的则亏损幅度至少在 10%以上。而在 1 分钟 K 线图中，从开仓到止损仅有 5 个点的差距，即每手亏损 50 元，亏损幅度仅为 1.4%，就是连亏 3 次，亏损总幅度也不超过 5%，由此便可以看出日内交易的风险是多么低了。

大量的投资者之所以喜欢进行日内交易就是因为可以将整个操作过程完全把握在自己手里，若是持仓隔夜，其实就相当于把命运交给了市场，这样的风险无法通过技术手段去控制。而日内交易，方向做对了就持有，亏损了就马上撤出，在收盘前清仓，所有的操作均在自己的掌控之中，所有亏损也均在大部分投资者可承受范围之内及预期之中，这是长周期操作无法实现的。

当然，虽然长周期交易风险大，但收益也可能是很大的。长周期大风险对应大收益，而日内交易则是小风险对应小收益，想要通过日内交易实现大收益，只能靠多笔交易进行积累，这也是日内交易的特点之一。

从图 1-1 的螺纹 2010 合约的走势来看，30 分钟 K 线图中价格突破之后上涨了 80 点，收益率为 22%，而在 1 分钟 K 线图中，价格突破后上涨了 30 点，收益率为 8%，要知道，日内能达到一波 30 点的上涨已经算是不小的行情了。在正常情况下，单纯使用日内技术进行操作，当天的总收益率很难超过 10%，这一点相信各位读者朋友应当深有体会。

那是不是意味着日内交易只能是小亏损或小盈利呢？单纯使用技术方法做，的确只能做到小亏损或小盈利，但是，若采取正确的交易策略，便可以实现大盈利的操作效果。若形态走失败，则只亏损几个点，而一旦形态走成功，则可以捉住日内大周期的大盈利，想要实现这样的操作就必须得是"三分技术加七分策略"了，技术是固定不变的，策略成了大盈利的核心。

若投资者风险承受能力强，并且后备资金充足，则可以直接在长周期 K 线上进行操作，在风险可承受的范围内去捕捉高收益。若无法承受较大的亏损，则应当坚持日内操作。在投资者的盈利达到了较高的状态，有足够抗风险的能力之后，再逐步放长交易的周期。

1.3　日内投机操作目标确定

在进行长周期交易时，对目标品种选择的要求就宽松多了，只要某个品种有好的技术形态出现就可以操作。但在日内投机操作中，对目标品种的选择是重中之重！技术方法解决的是能不能盈利的问题，而选择目标品种解决的是能不能多盈利一些的问题，所以，盈利不仅与技术方法有关，也与所选择的目标品种有关。比如，在运用同一种技术方法时，笔者操作涨幅第一的品种，你操作涨幅第十的品种，那么笔者的收益率极大概率会比你的高，这就是所谓的"强者恒强"，这个"强"不仅表现在技术形态上，还表现在与之对应的收益率上。

在学习与实战的初期阶段，建议期货新手投资者只关注一个品种就可以了，因为在交易经验不多的情况下，如果同时关注多个品种，则很可能会因为精力过于分散而丢失机会，这个时候需要集中精力。随着实战经验与看盘经验增加之后，可以再同时查看多个目标品种。

对于有经验的投资者来说，选择的目标品种一般要符合以下标准。

（1）岔开板块，即在不同的板块之中挑选品种进行关注。目前期货市场共有四大板块：能源化工、有色金属、黑色系、农产品，若再细分的话，则又可以分出来许多小板块，不过在实际操作时以四大板块为准就可以了。

在选择目标品种时，在四个板块各找一个品种进行关注。千万不要同时关注一个板块中的多个品种，因为同板块中的品种走势高度相近，选择同一板块的品种没有任何意义。

（2）岔开波动活跃度。在每个板块中都有波动活跃的品种，也有波动平稳的品种，建议在四大板块中选两个波动活跃的品种、两个波动平稳的品种，这样可以捕捉到不同类型的交易机会，是最理想的搭配。但是，如果投资者的风险承受能力强，也可以全部关注波动活跃的品种，只不过这些品种波动速度快，需要投资者具有充足的时间进行盯盘，以及较强的反应能力，若做不到这些，那么就不宜关注波动活跃的品种了，可以切换成波动稳定的品种。

（3）所选品种要满足"价格临近"原则。价格临近是指相同波动活跃度品种之间的价格对比，比如选择PP和苹果同时进行关注，它俩的价格相差不大，符合价格临近的原则。如果同时关注螺纹与燃油就不太适合了，因为螺纹的价格远超燃油，不符合价格临近的原则。价格临近可以使得两个目标品种间的盈利与亏损保持一致，不会因为较大的价格差产生盈利与亏损的不匹配。

这种确定操作目标的方式适合固定关注，也就是说不管市场怎么变化，都只关注这四个品种，不轻易替换，这样做有利于培养对这几个品种的熟悉感，就跟与人打交道一样，彼此接触多了，这些品种是什么性格，容易发生怎样的走势，心里也就有底了。投资者可以这样搭配四个品种：沪镍、PP、螺纹、鸡蛋。沪镍代表有色金属板块，属于波动活跃的品种；PP是能源化工板块的，也是波动活跃的品种，且与沪镍的价格相差不多，所以适合放在一起关注；螺纹是黑色系的，属于波动稳定的品种；鸡蛋归为农产品板块，属于波动稳定与活跃兼顾的品种，当然，也可以用豆一、豆粕、油脂来替换，因为农产品的品种太多，而且板块结构分散，所以，农产品板块中的品种可以根据投资者的操作喜好随时替换。

固定关注几个品种有助于投资者保持心态平和。但是，对于经验较多、自控能力较好的投资者而言，固定看几个品种肯定是满足不了操作需求的，所以，这类投资者选择目标品种的方法是这样的：以每天涨幅第一和跌幅第一的品种为重点关注的对象，并随时替换当前最新的涨跌幅第一的品种。若涨跌幅第一的品种暂时没有好的技术形态，则可以查看涨跌幅第二或第三的品种。

这种选择目标品种的方式可以保证交易的对象全都是市场中最强的品种，只不过这些品种的排名经常会变，可能上午是涨幅第一，下午就排名倒数了，所以，除非投资者有数年的交易经验，否则很难在短时间内与所有品种建立起熟悉感。

关注涨跌幅第一的品种有利有弊，利就是可以保证收益最大化，弊就是有可能将品种换来换去就把投资者的心态换乱了，甚至由于经常性地获得大收益容易让投资者看不起小利润，心态过于膨胀，从而在某些时候导致交易情绪失控，可能产生巨大的风险。关注涨跌幅第一的品种，对投资者的技术能力、自控能力与综合素质要求较高。

固定关注几个品种是任何投资者都可以做的，这样，投资者看盘比较轻松，行情好就多盈利，行情不好就少赚些，心态可以一直平稳，欲望不会太强，反而会更加冷静地思考问题。

1.4　日内投机操作仓位管理

投资者心中都存在着这样一个问题：在进行期货交易时，到底该用怎样的仓位进行操作？这个问题看似简单，但若不科学地设定仓位，则很容易导致盈亏不均衡。

仓位设定的原则就是，要与自己的风险承受能力匹配。大家听到满仓就会想到一个词——爆仓，出现爆仓一定是亏损的，所以要特别小心。比如，用 10 万元资金满仓开 30 手螺纹，此时价格下跌 1 个点，保证金就变为负数了，亏损 300 元，因为保证金为负，所以期货公司会通知你追加保证金，若不追加就会被强行平仓（简称为强平），而一旦被强平了就是所谓的爆仓了。

爆仓的字面意思是：投资者账号中的权益为负。爆仓并不可怕，可怕的是"穿仓"，若满仓时赶上连续涨停或者跌停，则根本无法平仓，这个时候所有的资金都会亏完并且还倒欠期货公司钱。所以，在实际交易时还是尽量不要满仓，最好将总仓位控制在 90%～95%。

日内交易因为不涉及隔夜，所以风险只是在价格连续波动时投资者对形态走向判断错误而导致的亏损，在投资者严格执行止损纪律的情况下，日内操作的风险是极小的，但若想提高收益率，仓位过轻的话就没有任何意义了。亏损的幅度决定了仓位的大小，这一点一定要牢记！

日内交易设定仓位的第一要点是：仓位必须保持统一，不能变来变去。千万不要因为盈利了就满仓做，亏损了便轻仓做，这样盈亏做不到均等，就很难稳定赚钱了。相信大家都有过这样的经历，在重仓出现较大亏损后胆子变小了，不敢再重仓做了，改为轻仓操作后实现了连续盈利，从而找回了失去的信心与勇气，于是又敢重仓去操作，而后再次受到重创产生巨大亏损，再度失去信心转而轻仓操作，从而陷入怪圈之中。其实一次大波动造成的亏损幅度靠着连续的小盈利基本无法扳回，所以仓位不能总变来变去。

除日内交易的仓位必须要保持统一之外，还要看一下操作对象的搭配。比如，把原油跟玉米淀粉放在一起做就不合适了，因为原油属于活跃的品种，它产生的盈亏幅度都很大，而玉米淀粉属于波动缓慢的品种，它产生的盈亏幅度较小，虽然原油开的手数要远小于玉米淀粉的，但操作玉米淀粉产生的亏损，原油可以轻易地扳回来，而原油一小波行情带来的亏损，就需要玉米淀粉一大波行情才可以扳回来，这就不平衡了。可以将沪镍与PP 放在一起操作，因为这两者都是非常活跃的品种，属于同一个类型，因此，放在一起操作是没有问题的。再比如将螺纹跟沥青放在一起操作也是可以的，因为两者都属于价格波动相对活跃的品种，千万不要把波动活跃度相差过大的品种搭配在一起。

除要关注价格波动活跃度之外，还有一个要注意的事项，那就是价格一定要相近。比如，苹果与豆一放在一起做就不合适，虽然两者都属于活跃品种，但是，苹果的价格是豆一的两倍，这样就容易出现刚才说的情况：价格高的品种一小波亏损就需要价格低的品种出现一大波行情去追回。

如果进行日线大趋势的操作，仓位又该如何设置呢？日线的操作就不能采取统一的仓位设置了，因为虽然日线级别的操作盈利会非常大，但一旦操作失误，造成的亏损也将是极大的。有读者可能会问，在做日线操作时使用十分之一仓或者五分之一仓来做，这样风险不就小了吗？风险的确是小了，但那还怎么赚钱呢？

日线或其他大周期的仓位设定规则是由亏损倒推仓位的。当价格的波动符合操作要求时，首先确定这个形态的开仓点与止损点，并据此计算一下每手的亏损幅度，然后自己设定一个可以承受的亏损的最大数值，根据两者的比值得出开仓的手数。比如，想对某个品种操作，通过开仓点与止损点计算出每手要亏损 200 元，自己此时能承受的亏损是 1 万元，那可开手数就是 50 手。这样一来，即使形态失败，产生的亏损也完全在自己承受范围之内，心理上就不会有太大的压力了。

设定自己能接受的单笔最大亏损是止损的底限，必须要控制住，然后根据价格的具体走势计算出每手的亏损额度，两者相除就是可开仓的手数上限。这样做便把形态的宽窄幅度与风险直接挂钩了，这是长周期 K 线交易设定仓位的科学方法。

这样设置仓位时，总亏损是既定的，投资者就可以耐心等待那些止损小的形态出现，也可以多开一些手数，一旦形态走成功，盈利就会比较多，但亏损在自己的预期之内。希望各位读者朋友都能正确地设置仓位，只有仓位设定正确了，盈利才会均衡，这是实现稳定盈利的前提。

1.5 日内投机K线周期的设置

使用什么样的 K 线周期进行操作是许多投资者常常感到困惑的问题，因为许多投资者会错误地认为自己亏钱是因为交易周期没有选择好。交易周期的选择要与投资者的风险承受能力匹配，如果是风险厌恶型投资者，不愿接受较大亏损，就需要使用短周期 K 线进行分析与操作，因为短周期 K 线的形态往往规模小，只要进行了止损的操作，就不会出现较大亏损的情况。如果投资者风险承受能力较强，则可以在长周期 K 线图中进行分析与操作，以便把握住更大的收益机会。

使用什么样的 K 线周期进行操作还与投资者的交易习惯或者交易时的状态有关，比如投资者需要上班，盯盘时间很少，那么短周期 K 线肯定就不合适了，要看长周期 K 线。如果投资者有足够多的时间盯盘，就可以使用短周期 K 线，以便捕捉更多的交易机会。除此之外，还与投资者的性格有关，比如投资者是个急脾气，却让他看长周期 K 线，那他肯定是受不了的。所以，使用什么样的周期 K 线进行操作，一定要根据投资者的综合情况来确定。

交易周期在实战操作时会起到什么样的作用呢？可以对盈利产生促进作用吗？其实，交易周期在实战操作时的作用非常小，因为交易的是技术形态，能不能盈利取决于这个技术形态是不是走成功了，若技术形态走失败了，那么无论在哪个交易周期上做都是要亏损的，同样，如果技术形态走成功了，则无论在哪个周期上操作都会产生盈利。

交易周期要根据目标品种的波动特点来设定，当天涨跌幅第一名品种的交易周期可以设置短一些，比如使用 1 分钟 K 线，这样可以把握住更多的机会。因为涨跌幅第一名的品种波动幅度是最大的，波动速度也往往是最快的，因此，它们的走势都会非常流畅，这些走势流畅的品种都适合使用 1 分钟 K 线进行操作。除了涨跌幅第一名的品种，沪镍、PP、苹果、菜油、白糖、苯乙烯、黄金等最小变动单位跳数多的品种也适合使用 1 分钟 K 线图进行分析与操作，因为它们随便一波行情就可以盈利，所以可以在短周期上更早地把握住机会。

除了高价位及涨跌幅第一的品种，其他品种就建议大家使用 3 分钟 K 线图进行分析与操作了，因为这类品种的价格波动活跃度不高，走势可能是曲曲折折的，因此，使用 3 分钟 K 线可以有效地"平滑掉"一些过于细小的波动。

在进行日内操作的时候，K 线的周期最好不要超过 5 分钟。在 5 分钟 K 线图中，一小时只能收出 12 根 K 线，白天 225 分钟的交易时间，仅可以收取 45 根 K 线。如果价格的波动形态简单，那么 45 根 K 线可以完成一个技术形态的刻画，但如果技术形态复杂，那么一个白天的交易时间可能也无法完成一个技术形态。笔者不建议使用 15 分钟 K 线进行日内交易，这个周期的 K 线操作肯定是要隔夜的，不符合日内操作的周期范围。

如果进行长周期 K 线的操作，则投资者只需要根据自己的喜好选择 30 分钟、60 分钟和日 K 线这三个 K 线周期就可以了。操作周期的选择没有对与错，只有自己是否适用，如果你在做某个周期时心里总觉得哪里不对，就说明这个周期并不适合你，可以将周期调短或调长一些，然后一直用下去。

若交易周期确定好，就不要变来变去，选定好一个周期长久地使用下去，才能将真正的技术水平更好地发挥出来。一个技术形态在任何交易周期中都可能会出现，那么，属于我们的交易机必然会到来，只需要保持耐心就可以了。

下面总结一下日内交易各品种交易周期的设定方式。

（1）当天涨跌幅第一名的品种建议使用 1 分钟 K 线，以便更及时地把握住机会。

（2）对于最小变动单位跳数多的品种，或者可以简单理解为价格高的品种，也建议使用 1 分钟 K 线。

（3）其他品种建议一律使用 3 分钟 K 线图进行分析与操作。

1.6　日内投机交易界面的设置

正确的交易界面设置有助于投资者以较高的效率完成实盘的决策与操作，但许多投资者在进行操作时由于交易界面设置不科学，许多细节往往容易被忽略，从而使得操作效率降低。虽然交易界面设置有投资者交易习惯的因素，但也有设置方法在其中。

有一些投资者明明有条件、有机会使用计算机来操盘，却喜欢使用手机进行交易，这是不建议的。使用手机交易的确方便，可以随时随地下单，但是小小的手机屏幕不能反映出市场的整体状况，看不到市场的全貌，又怎么可能得出符合市场波动节奏的分析结论从而做出正确的决策呢？手机交易只在迫不得已时进行，只要有条件请一定使用计算机进行交易。

以笔者交易团队中的操盘员为例，整个交易用电脑系统及其界面的构成如下。

（1）一台大屏幕笔记本电脑，用以显示各类指数，从指数的角度了解股票市场及期货市场的情况。

（2）另一台笔记本电脑用以日常办公交流，向风控人员汇报交易的进程，向团队反馈所关注品种的价格波动方向。

（3）三台台式计算机主机+六个显示屏，其中一台主机配一个显示屏，这是整体交易事件的主操作计算机，该显示屏被切分成 4～6 个小窗口，对锁定的目标品种完成盘中的决策与操作。还有一台主机配一个显示屏，用以随时查看股市行情进行股票的操作，该显示屏被切分成 6～10 个小窗口，是股票交易的主操作计算机，显示正在管理的账号或关注的个股。第三台主机配四个显示屏，每个显示屏被切分成6~8个小窗口，可分别显示能源化工、有色金属、黑色系、农产品板块的分时走势，这些显示固定不变，便于投资者第一时间了解市场的走势全貌，提高分析的效率。

无论做什么事，装备都是很重要的，工欲善其事，必先利其器！屏幕多可以方便观察，投资者看一眼就知道市场是怎样的状况，节省交易的时间。装备越齐全对于提高分析效率的作用越明显，这是从实际应用出发的。对于经济条件好的投资者是不是可以再多配置一些主机或显示屏呢？笔者认为没有必要，因为人的精力是有限的，要考虑精力的集中度，使用最短的时间达到最佳的分析效果，笔者这样的配置就是最适宜的。

在图 1-2 所示的 6 个小窗口界面中，最左侧上下两个窗口与中间上下两个窗口均为固定显示的日常操作品种。投资者可以结合市场的状况及自己的喜好选择品种，不宜经常变化。固定品种看得越多，就会对它们越熟悉，很多时候对品种价格后期怎么变化可能都会产生预判，这就是所谓的盘感，若经常查看不同的品种，是无法培养这种盘感的。

图 1-2

图 1-2 右上角的窗口随机显示其他的品种行情，是经常变化的，因为想要了解市场的整体状况，就需要最多每隔 15 分钟翻看一下其他品种的走

势，或按照涨幅排名从上往下翻，或按照跌幅排名从上往下翻，这样做的目的是看当时有多少品种价格在上涨、多少品种价格在下跌，以及它们的技术形态是怎样的。若固定关注的四个品种暂时没有操作机会，那么这个窗口所显示的品种便可以作为备选操作目标，所以这个窗口的显示是非常重要的，能够显示交易时的重要后备品种。

图 1-2 右下角窗口中的行情排序界面是盘中分析与操作必须要显示出来的。而这一项显示，市场上 90%的投资者都很少关注。如果不对市场当前的品种整体状况进行排序，只关注几个品种，就无法得知市场的整体状况。

行情排序可以显示的要素非常多，具体如下。

（1）当前涨跌的品种数，通过涨跌品种数可以得知市场当前多空力量的对比，这种对比只需要扫一眼便可以得知，这是极为重要的市场信息。

（2）可以反映当前市场多空的力量，并通过多空双方的力量合理设置收益预期。比如今天涨幅第一名的品种上涨 1.1%，下跌第一名的品种下跌 1.3%，这说明当天的多方与空方力量都很弱，最强的品种才 1%左右的涨跌幅度，那些跟风上涨或下跌品种的涨跌幅度将会更小，这个时候，便需要将收益预期主动降低一些。

（3）通过行情排序可以清晰地知道当前市场的主流板块是谁，它们的动向是偏多的还是偏空的。通过对涨幅居前或跌幅居前的品种进行分析，就可以知道上涨的龙头板块是谁及下跌的龙头板块是谁，进行实战操作优先对有板块结构的品种进行交易。

（4）可以得知固定关注的品种在当天市场中的地位。比如固定关注的目标品种在当前处于涨幅居前或跌幅居前的状态，那就可以对它们进行积极的操作。但若固定关注的目标品种在当天处于跟风状态，涨跌幅均排在中间，则说明它们的力量不强，在操作上应当降低对收益的预期，或者临时替换一些强势的品种。

虽然窗口设置与直接开仓交易无关，但正确的窗口设置却可以让投资者以极短的时间查看到市场的综合信息，从而为踏准市场节奏。

1.7 日内投机操作分析的正确流程

任何工作都有一个流程，也就是所谓的工序（或称程序），如同炒菜一样，放入调料的先后顺序不同，菜的味道也会有所不同。期货日内投机也是这样的，第一步该怎样分析，第二步该怎样做，是一环扣一环的，许多投资者在进行操作时之所以胜率不高，很多时候就是因为分析的环节出现了缺失或者混乱，从而导致了操作的失败。

日内操作分析的流程看似有很多个步骤，但其实这些步骤很简单，对于有经验的投资者来说，看一眼就清楚了。若刚刚使用这些方法进行分析则肯定会有一个适应的过程，习惯之后就会运用自如了。

正确的分析流程建立在对市场全面关注上的基础，如果只是用手机或单窗口分析，是达不到要求的，还必须建立在正确的窗口设置基础上，否则，不仅分析效率低下，而且耗时比较长，这一点请各位读者一定要注意。

日内分析的流程如下：

① 了解宏观环境的状态。

② 了解位于涨跌前列板块的结构状态。

③ 分析目标品种地位的状况。

④ 分析目标品种方向的状况。

⑤ 设置目标品种止损位。

⑥ 明确目标品种介入点形态。

⑦ 对开仓后止损或进行持仓技术的运用。

若在开仓后止损，则日内分析流程到此结束，若开仓后价格按持仓方向波动，则应当再使用持仓的方法不断进行技术上的修正，分析流程可能还会涉及调整持仓位、减仓、清仓等环节，但因为这几个环节是建立在开仓后并且有盈利的基础上的，无法进行提前预判，所以这些环节不计算在内。

下面对日内分析流程做详细介绍。

（1）对宏观环境进行分析，宏观环境指的是所有活跃品种目前的走势状况，包括有多少品种上涨及有多少品种下跌，上涨的品种涨幅状况如何，下跌的品种跌幅状况如何。从而推导出市场的多空力量，若绝大多数品种上涨或下跌，则说明市场的方向是一边倒的，投资者应当坚决顺应大多数品种的表现而进行操作。

（2）对板块结构进行分析，看一下位于上涨前列的品种或下跌前列的品种是否有板块结构，是某个板块带头发力，还是找不出明显的板块结构。有板块结构的上涨或下跌行情才是稳固及可靠的，若涨幅居前或跌幅居前的品种无法构成板块，虽然行情也会延续当前的多空状态，但却较为容易改变，操作难度会略有提高。

（3）对目标品种的地位进行分析，即所关注的品种在当前的排名状况。假设一共有 40 个品种，有 34 个品种在上涨，市场明显偏多，当前应当进行做多操作。而涨幅居前的品种是能源化工，那么能源化工就是当前最佳的操作对象。若自己关注沥青，而沥青涨幅排在第二名，这就说明沥青的地位较高，是涨幅居前的品种，非常值得操作。但若沥青今天涨幅排在第23 名，居于中间，则说明它是跟风品种，市场地位较低，不太适合操作。

（4）对目标品种的方向进行分析，比如刚才的例子，沥青涨幅排在第二名，值得操作，但价格横盘，没有明确的方向，需要等待它形成方向后再进行操作，因为市场偏多，所以，若它有了向上的方向就可以操作；若沥青此时方向向下，那就要放弃操作了，市场整体偏多，做空是绝对错误的。

（5）对目标品种进行止损的设置，止损位是操作形态的底限，这个底限不允许被跌破。许多投资者亏损，相当多的时候就是因为开仓后不知道该在哪里设置止损位，看到价格大幅下跌后便慌了。要提前设置止损位，这是铁的纪律！

（6）具体的介入点虽然是极为重要的一个分析环节，但在分析流程的顺序上是第六位的，绝对不能上来就看这个品种能不能操作、有没有买卖点，顺序乱了，结果肯定就会有偏差。

（7）开仓之后的设置是截至开仓的最后一步。前六步的分析是固定的，而持仓是非常灵活的，投资者的心态不同、仓位与资金量不同、盈利预期不同，这些都会导致持仓技术不同。就算投资者有同样的开仓成本，但随着价格不断地波动，投资者采取的止盈方式也将会不同。

1.8　不同操盘手法与获利幅度的关系

无论是期货市场还是股票市场，抑或是其他交易市场，交易的手法都是多种多样的，每一位投资高手都有着不同的细节处理技巧，但处理方式花样再多，归纳起来其实也就是四类：抄底摸顶、中继介入点、突破、追涨/追空。

1. 抄底摸顶

"抄底摸顶"属于左侧交易，在价格满足了一系列技术条件之后，在新的趋势方向还没有形成之前提前入场进行操作。比如，价格连续下跌，在满足了抄底的操作要求后，于下跌的过程中入场进行操作。在交易市场中使用这种操作手法的人数众多，特别是在股票市场经常可以听到抄底的说法。可惜绝大多数投资者在进行抄底摸顶操作时，都是以失败告终的，真正靠抄底摸顶实现盈利的投资者并不多。这主要是由于投资者自身交易技能还不够高，一见行情下跌就想抄底或一见行情上涨就想摸顶，而真正的底与顶，都是要耐心等待的。在期货市场中，就日内交易来说，一天能有二三次抄底摸顶的机会就非常不错了，若在长周期上进行多品种操作，一个月能做一次抄底摸顶的操作也是很好的。

2. 中继介入点

中继介入点是所有操作方法的重中之重，很多投资高手的操盘方法大多属于这一类。中继介入点的操作是在价格上涨之后的调整区间或价格下跌之后的反弹区间中进行的，介入点发生在上涨或下跌的中途，所以称为中继介入点。此时由于大势已经非常明确，因此属于顺大势的交易行为，但由于又是在调整区间介入，逆了小势，所以其性质为"顺大势而逆小势"，顺大势保证了大方向不会出错，而逆小势则保证了介入点会在价格调整的相对低位，占据了成本的优势，因此是市场中最为常见的操作手段，自然也是笔者极为推崇的一类操作手法，这是真正可以给投资者带来稳定盈利的操作方式。中继介入点操作的方法非常多，这是由复杂的价格调整或反弹形态决定的，面对众多调整与反弹的形态，操作的细节方法自然也就会多种多样了，但无论细节怎么处理，其性质都属于中继介入点，这一点投资者一定要明确。

3. 突破

"突破"操作也是许多投资者喜欢的交易方式，它的特点是，介入点事先存在，在价格上涨之后暴露出来了高点，这个高点就是后期的突破点，当这个高点被越过去时，突破走势也就形成了。介入点固定不变是突破操作的最大特色，任何人使用突破方法进行操作都会在价格越过前高点或跌破前低点时进入，介入点是完全一致的，只不过投资者在介入之后的止损、止盈等操作方式又会拥有各自的特点。突破操作也是普通投资者最应当掌握的一种交易手法，不过笔者建议将突破操作作为辅助手段，因为它是在错过中继介入点之后对机会捕捉的最后一道拦截网。

4. 追涨/追空

"追涨/追空"是投资者都会的操作，行情上涨就去做多，行情下跌就去做空，没什么技术难度，只是如果操作不得当，则很难盈利，投资者情绪也会完全被破坏掉。追涨/追空经常会遇到的问题是：很难平仓在高点或低点，但追在高点或低点却是经常发生的事情，很难解释这是为什么，但就是这么神奇与无奈。追涨/追空的介入点可以遍布整个上涨或下跌的区间，普通投资者操作的时候介入点是极度分散的，没有统一固定的位置将会导致难以止损，所以进行追涨/追空投资者的亏损程度往往比抄底摸顶还要严重。突破是在错过了中继介入点之后进行的操作，此时介入的位置已算高的了，追涨/追空则是在错过了突破介入点之后再进行的操作，介入点的位置会更高，就算追得再及时也往往会追在涨跌行情的中途，行情走得猛还会有一定的利润，若行情力度小，就会碰到价格反方向波动的情况。所以笔者并不建议普通投资者使用追涨/追空操作，因为这种操作对投资者心态的要求极高，对行情的判断能力要求地极高。

　　每种操作方法都有它的特点，有些方法投资者必须学会应用，比如中继介入点以及突破操作；有些方法恰好碰到了便可以使用，比如抄底摸顶操作；而有些方法应当放弃使用，比如追涨/追空操作。每种操作方法的特点不同、介入点位不同，在技术形态成功的前提下，给投资者带来的收益也是不同的，投资者了解每种方法的收益状况，有利于做到心中有数，在盈利的时候不会过于盲目地追求大收益，也不会在刚开始赚钱的时候过早地平仓出局。下面结合例图讲解每种操作方法与获利幅度之间的关系。

　　图1-3为不同操作方法与获利幅度之间的关系例图。

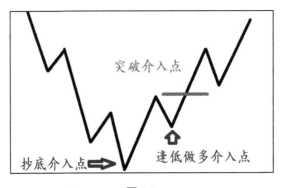

图1-3

假设价格在下跌见底之后，一波上涨形成标准的五浪结构，那么不同操作方法在形态成功的前提下，其获利幅度如下。

下跌见底后，抄底操作的获利幅度是所有操作方法中最大的，它直接在价格下跌的终点与上涨的起点区间入场做多，完全占据了成本的优势。既然抄底摸顶操作是在新老趋势的转折点进行的操作，而且盈利还是最多的，那么为什么大量的投资者会亏损呢？之前也曾谈到：大多数投资者在抄底摸顶时，"一见跌了就抄底，一见上涨就摸顶"，过多的抄底摸顶操作是导致失败的主要原因。底形成的前提是有足够长的下跌时间和足够大的下跌空间。

以图 1-3 为例，要跌上三波才会形成底，但你只跌了一波就入场抄底了，这又怎么可能赚钱呢？抄了几次底都亏钱了，当真正的底部到来之后却又不敢抄底了，从而错过了机会。同时，由于抄底次数过多，累积的亏损幅度过大，就算最终抄到了真正的底部并且价格也上涨了，可上涨带来的收益却无法弥补多次盲目抄底造成的亏损。许多抄底失败的投资者也都曾抄在了真正的底部，但结果过早地离场了，这就是耐心缺失的必然结果，所以抄底的利润虽然是最大的，但并不是谁都可以拿到的。在技术上要先知道这种方法收益的特征，然后补齐缺失的技术与正确的理念。切记，频繁地抄底摸顶是不可能赚到钱的。

中继介入点的位置要比抄底的位置高，虽然位置高了一些，但却有更高的安全性，因为此时已经明确形成了大趋势的方向。假设价格有三波上涨，若第一波的上涨错过了，就努力捉住未来的两波上涨，捉住一波行情的一大半收益也是非常不错的。中继介入点的收益非常稳定，虽然介入成本不是最低的，但却是局部波动的低点，同样占有成本的优势，大势方向明确，利润空间也很大，就没有必要去冒险尝试其他的操作方法了。知道了这一点，相信大家就能明白笔者为何建议大家一定要学好中继介入点的各种操作方式了，就顺势交易而言，中继介入点的收益是最高的。

从顺势的角度来讲，突破介入点是最有代表性的。如果说中继介入点顺了大势、逆了小势，那么突破介入点则无论大势还是小势全都是顺势而为的。大势不用说，小势也是在价格调整结束再次踏上征途越过前期高点时入场的，所以突破介入点是大势小势全都顺的典范，只不过突破操作的介入点比中继介入点要高，所以在收益上是低于中继介入点的。假如当前的盘面环境是多头力量很强，价格突破之后就会有足够的利润空间，但若当天的市场多头力量较弱，可能刚突破一点儿便会再次调整，所以突破操作对于多空环境的力度是有要求的，这一点中继介入点要求会低一些，因为就算力度不强，从调整低点到价格形成突破也有了一定的利润空间，所以突破操作从常规操作来讲不适合作为主要操作手段。当然，若针对那些波动活跃的品种，比如当前市场中的沪镍、PP 之类，由于它们价格高、波动幅度大，对它们的操作只使用突破操作则完全没有问题，就算是假突破，价格突然一个上冲，利润空间也就有了。但若对那些波动平稳的品种只进行突破操作就不适合了，突破操作要求的就是价格创新高之后快速地波动，若脱离了盘面较大的多头力量，波动平稳的品种就不满足这个要求了。就顺势交易而言，中继介入点获得利润最高，突破操作获得利润次之。

对于追涨/追空操作投资者很难追在第一轮上涨过程中，因为此时上涨行情并不明确，很像是下跌后的反弹，而且上涨空间也往往不大，就算是错过也不会有太可惜的感觉。而当第二轮价格上涨开始时，往往上涨幅度已大，若此时错过了行情，投资者很容易产生不平衡的感觉，从而在急躁的情绪中产生追涨的冲动。一旦追进，介入点往往就会比突破点要高许多，介入的位置越高，也就意味着未来的收益越小，若盘面多头力量较大还好，若盘面多头力量小，很可能追进去就被套。

知道了每个方法的获利特点，针对当前波动的性质采取与之对应的操作手法，介入后知道了操作手法及与之对应的有可能的收益，在持仓的时候也就可以减轻一些心理压力了。

第 2 章

2

方向定胜负

任何事情都是这样的，若方向正确，就可能事半功倍；若方向出现偏差，则越努力离目标反而越远。针对某一个期货品种的操作而言，操作方向是首先要进行分析的，如果方向判断错误，又怎么会有好的结果呢？

许多投资者总是被动地做逆势操作，其中最主要的原因就是，不会运用正确的技术手段判断方向，对方向的确定完全凭主观感觉，感觉要涨就做多，感觉要跌就做空。本章就针对操作方向问题进行论述。

2.1 日内投机操作方向的确定技巧

对交易方向的判断需要借助趋势类指标，比如移动平均线、布林线等。在使用移动平均线时，不要使用 5 周期（包括分钟和日）和 10 周期移动平均线，因为它们的周期太短，对操作会有一些影响，可以使用 20 周期移动平均线。布林线是根据统计学中标准差原理计算出来的指标，由上轨线、中轨线和下轨线组成。中轨线本身就是 26 周期移动平均线，其稳定性非常好，因此可以使用中轨线。

在进行操作时，大家经常被告知要顺势而为。那么什么是"势"呢？"势"其实就是价格波动的方向。当价格向上波动时，就会提高多单操作盈利的概率。"顺势"肯定是先有"势"，再去顺着做，在没有"势"的时候，就不能提前操作。许多投资者做逆势操作就是违反了这个原则，在"势"没有形成时提前操作了。同时，要紧紧跟着"势"，否则就跟不上行情了。

要做到"顺势"，大多数时候要放弃"势"刚形成时的那波波动。比如，使用布林线指标中轨线确定方向，在发现中轨线由下降趋势明确转为上升趋势时，价格其实已经上涨了一截了，但是别担心，真正的"势"会延续。我们要做的也是可延续的波动，所以，错过的那一波"势"不要可惜，它也是在帮我们看清"势"，帮助我们清晰地判断价格趋势。

当移动平均线或布林线指标中轨线由上升趋势转为下降趋势时，应当耐心等待中途入场做空的机会。而当它们由下降趋势转为上升趋势时，则应当等待中途做多的机会。一定要在移动平均线或中轨线转变之后再操作。

下面结合菜油 2009 合约案例进行说明，如图 2-1 所示。

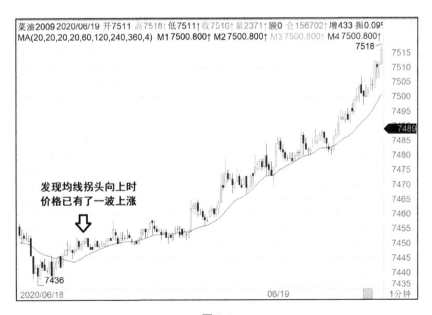

图 2-1

在菜油 2009 合约 2020 年 6 月 18 日 1 分钟 K 线走势图中，价格出现了一波连续上涨的行情，在 20 周期移动平均线一直保持多头趋势的时候，可调整趋势的走势多次出现，留给了投资者足够多的中途进入的机会，由此可见，只要移动平均线的上升趋势不变，必定会留下许多买点，根本不用担心会错过介入的机会。

下降方向的转变，意味着一轮上涨行情即将开始。但价格的第一波上涨趋势是很难被发现的，因为在第一波上涨趋势刚形成的时候，方向并不明确，此时的上涨只能被定性为反弹。但随着反弹的延续，波动重心不断上移，使得移动平均线由下降趋势转变为上升趋势。此时价格已经上涨了一定的幅度，也就意味着第一波上涨已经错过了。

第一波上涨为价格的延续波动打下了明确的方向基础，至此往后，20周期移动平均线一直保持着上升的趋势，只要始终按着移动平均线的方向做多，就算错过了第一波行情也没有什么关系。"顺势"的要点就是放弃第一波趋势，捕捉延续性波动带来的大好机会。

下面结合棕榈 2009 合约案例进行说明，如图 2-2 所示。

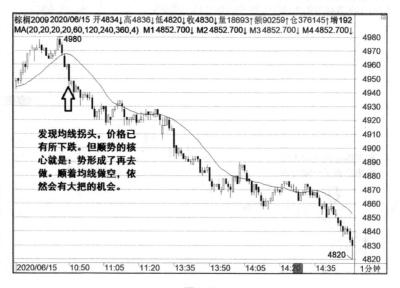

图 2-2

在棕榈 2009 合约 2020 年 6 月 15 日 1 分钟 K 线走势图中,价格形成了一轮大幅度下跌的行情。从价格下跌的形态来看,中途出现了多次反弹,每一次反弹都是一次极好的中途顺势做空的介入点。由此可见,一轮趋势形成后必将延续,这个延续的过程就是投资者顺势盈利的过程。

从价格下跌的起点来看,是很难把握住最高点的,因为在最高点处 20 周期的移动平均线依然保持着上升趋势,此时做空便有逆势操作的风险。而当发现移动平均线形成了下降趋势时,价格已经处于一个小波段的低点,但在这个点位介入也不太合适,此时稳妥的做法就是等待价格出现反弹,而后在反弹的高点借机入场做空。

从 20 周期移动平均线拐头向下之后,趋势便一直保持着下行的状态,此时的"顺势"就是始终保持坚定的做空思路。

下面结合原油 2008 合约案例进行说明,如图 2-3 所示。

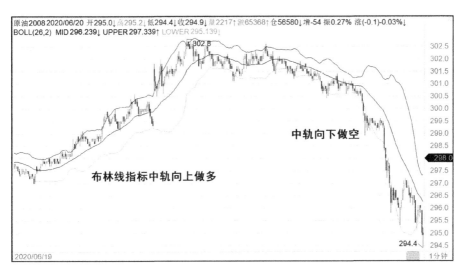

图 2-3

在原油 2008 合约 2020 年 6 月 19 日 1 分钟 K 线走势图中,价格先是形成了上涨的走势,而后转势又形成了连续下跌的走势,这种走势对于投资者来说其实是好的,因为既可以做多也可以做空,在收割完一波多单后,又可以捕捉空单的盈利机会，如果操作得当，则收益率更高。

许多投资者总是害怕方向转变，这是因为投资者没有更好的方法去应对方向的转变，如果方法得当，价格方向的转变非但不会带来风险，反而会带来更多的机会。在价格上涨的过程中，布林线指标中轨线始终保持着向上的态势，这个时候价格不断地波浪式推进，每一次调整都是一次做多的机会。而在布林线指标中轨线由上升趋势转变成为下降趋势之后，每一次反弹都是投资者入场做空的机会。

投资者之所以认为"顺势"很难，是因为他们总想跑到趋势的前面，企图捉住下降趋势的最高点或上升趋势的最低点，但若了解了价格运行的规律，知道方向一旦明确形成就必将会延续的道理，就算错过最低点区域或最高点区域的交易机会又有什么关系？只要抓住方向，明确过程中的调整或反弹的机会去顺势做，收益就会源源不断地增加。所以，无须多想，应始终跟着中轨线走。

下面结合沪锌 2008 合约案例进行说明，如图 2-4 所示。

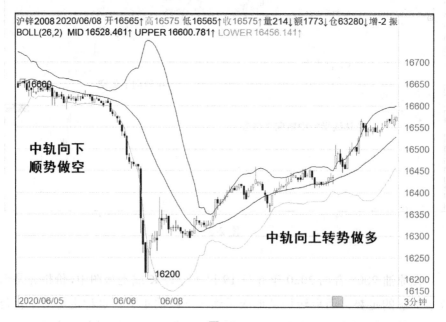

图 2-4

在沪锌 2008 合约 2020 年 6 月 5 日～8 日 3 分钟 K 线走势图中，价格自布林线指标中轨线转变成为下降趋势后，一大轮下跌的行情便随之出现，其实大行情的暴发都有一个特点：在趋势明确的情况下，行情不断纵深化。"顺势"不一定每次都有收获，但只要有盈利，就很可能是一笔巨大的收益。

若布林线指标中轨线向下，就只考虑两件事：怎样更好地持有空单，以及怎样寻找中途介入做空的机会。而当布林线指标中轨线形成上升趋势时，同样也只关注两件事：如何将多单一拿到底，以及如何在中途寻找多单入场的机会。

当布林线指标中轨线由下降趋势转为上升趋势之后，空单该如何操作？或者当布林线指标中轨线由上升趋势转变为下降趋势之后，多单该做何操作？相信读者通过阅读本节的内容，心中应当已经有答案了。

2.2　日内投机操作无方向波动区间的策略

绝大多数时候，价格要么保持上升的趋势，不断地给投资者带来做多的机会，要么保持下降的趋势，给投资者诸多做空的机会。但有些时候，价格也会呈现无稳定方向的波动，相信在这种区间做过交易的投资者应当有过这样的经历：在做空后，价格反弹；价格一上涨就做多，但价格很快又回落；刚止损了多单，价格又上涨了……真是让人十分恼火，这些就是在价格无方向波动区间入场操作的常见后果。虽然价格整体的波动幅度很小，但来回地止损可以吞噬之前的大部分收益。

为什么会这样呢？在这个区间进行操作的投资者大多是这样想的：价格在横盘之后将会继续上涨或下跌，此时入场，盈利的空间是很大的，为了贪图较大的盈利空间，从而在方向没有明确的时候入场，这样的操作注定要被市场惩罚。

无方向波动区间有什么样的技术特征呢？反映在趋势类指标上就是移

动平均线或布林线指标中轨线明显走平，一旦发现中轨线走平就可以确定价格将进入无方向波动区间，这个区间不宜采取顺势交易的策略。"趋势一旦形成就会延续"这句话对于横盘无方向波动同样适用，价格一旦进入无方向波动区间，那么无方向的窄幅波动往往就会延续，至于会延续多久，就只能看趋势类指标何时重新形成上升或下降的趋势了，无法提前做出判断。

无方向波动区间只是趋势类指标形成横盘的状态，但价格还是有一定波动幅度的，只是波动幅度非常小。只要价格有波动，就肯定有交易的机会，那么这个区间是否值得操作呢？笔者认为，从盈亏比的角度来讲，这个区间不值得去做，因为在这个区间的交易与顺势交易的止损幅度是基本一致的，但盈利幅度却远远小于顺势交易，也就是说在大多数情况下赚的没有亏的多。

无方向波动区间的操作策略应当是怎样的呢？

如果进行操作，那么一定要看一下在进入无方向波动区间之前趋势类指标的方向是怎样的，如果之前趋势类指标方向是向下的，那么当进入无方向波动区间之后，就要采取逢高做空的操作，此时建议使用布林线指标。一旦价格波动到布林线指标中轨线上方，就可以入场做空，一旦回落到下轨线支撑处就可以平仓做空单。

如果认为盈亏比不划算，不想操作，那么此时合适的策略就是换品种，哪个品种的方向明显便操作哪个品种，永远不要做方向模糊不清的品种。所有的操作都建立在顺势的基础上，盈利自然就会不断地增长。

下面结合沪镍 2008 合约案例进行说明，如图 2-5 所示。

在沪镍 2008 合约 2020 年 6 月 15 日 2 分钟 K 线走势图中，两波上涨行情结束之后，价格进入了较长时间的调整状态，在价格进入无方向波动区间的初期是无法做出方向判断的，而当布林线指标中轨线走平时，就可以明确得知价格进入了无方向波动区间，但此时横盘已经形成一段时间了，并不影响后期的分析与操作。

若投资者不喜欢在无方向波动区间操作，那么一旦发现中轨线走平，就可以切换所关注的期货品种，哪个品种的方向明确就操作哪个品种。如果不想切换品种，就耐心等待横盘结束，在形成新的方向之后再进行操作。

图 2-5

若不想丢掉操作机会，则在发现中轨线走平之后，先看一下之前的趋势方向是向上的还是向下的，因为这将决定着无方向波动区间的操作方向与节奏。若在横盘之前的价格是向上的，那么这一阶段的操作是：在价格调整到下轨线支撑处时入场做多，一旦价格到达上轨线，便可以考虑出局，或根据具体的形态决定是否继续持仓。

在多数情况下，无方向波动区间的技术形态都是变形的，要么中轨线微微向上，要么中轨线微微向下，虽然波动方向不明显，但不必理会中轨线的变形。

下面再以沪镍 2008 合约案例进行说明，如图 2-6 所示。

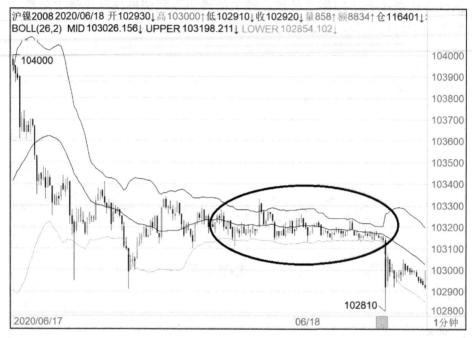

图 2-6

在沪镍 2008 合约 2020 年 6 月 17 日 1 分钟 K 线走势图中，价格经过几轮下跌行情后形成了窄幅波动，在这一区间，布林线指标中轨线虽然保持着向下的态势，但是向下的角度却是非常平缓的，这样的技术形态其实就可以称之为无方向波动了。

布林线指标中轨线微微向上或微微向下的确是有方向的，但平缓的角度说明价格波动的力度很小，也就意味着波动幅度减小，那么品种的可操作性就不强了，因此，可以考虑切换品种进行操作，否则就算在后期的波动中有盈利的机会，能实现的收益也非常少。

在以上案例中，如果想要在这一区间进行操作，操作的方向肯定是做空。在确定了交易的方向之后，只要价格反弹到布林线指标上轨线的压力位，就可以入场做空，当价格回落到下轨线支撑位时，就可以止盈离场。

从实际走势来看，从上轨线到下轨线的空间非常狭小，与之对应的收益极为有限，但若形态失败，亏损却不会少。

下面结合豆油 2009 合约案例进行说明，如图 2-7 所示。

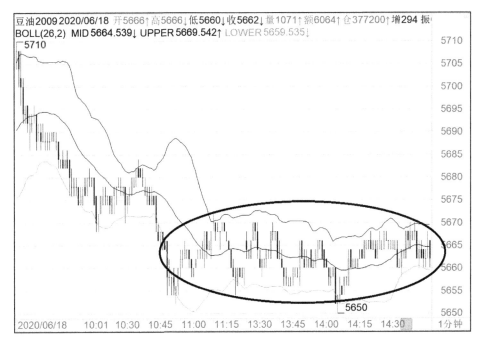

图 2-7

在豆油 2009 合约 2020 年 6 月 18 日 1 分钟 K 线走势图中，价格经过两波下跌行情之后，形成了长时间无方向波动的状态。在趋势明确的时候，价格波动的幅度往往比较大，而当趋势进入无方向波动状态时，无论是上涨还是下跌，幅度都会减小，所以，想要实现更大的收益，一定要在方向明确的时候积极操作。

从图 2-7 中可以看到，豆油 2009 在无方向波动时的技术形态并不是非常标准的，但中轨线还是略有方向的，在行情初期整体趋势微微向下，在行情后期趋势又微微向上。虽然中轨线略有方向，但与之前的运行角度相比，此时要平缓许多。中轨线运行角度平缓说明价格波动的力度减小，价格的涨跌幅度自然也会非常小，并且很难给投资者带来大机会。所以，一旦发现中轨线波动方向变得非常平缓，就可以将其视为无方向波动，从而主动放弃操作机会。

如果当前操作的品种是自己一直关注的，那么在形成这种趋势时也是可以操作的，但首先一定要降低对收益的预期，有盈利就要知足。由于在图 2-7 中豆油 2009 之前的方向是下跌的，所以，一旦价格运行到上轨线压力附近时，就可以入场做空，而一旦价格回落到下轨线附近，就要止盈离场。

下面结合黄金 2012 合约案例进行说明，如图 2-8 所示。

图 2-8

在黄金 2012 合约 2020 年 6 月 19 日 1 分钟 K 线走势图中，价格在上涨过程中形成了上升的窄幅波动状态，在这个区间内虽然仍有上涨和下跌的情况出现，但波动的幅度明显很小。此时可以持有在低位时入场的多单，但空仓的投资者在此时入场是非常不划算的。

图 2-8 中黄金 2012 的无方向波动形态其实并不标准，布林线指标中轨线并没有形成完全的横盘走势，而是依然保持着上升的趋势，只是相比之

前的上行角度变得非常平缓了而已。由于中轨线保持着微微向上的态势，并且之前的波动方向也向上，因此，如果要在这个区间进行操作，就进行多单交易。由于中轨线运行角度变得平缓，所以，中轨线的支撑作用往往不会生效，因此，需要关注下轨线的支撑作用。当价格回落到下轨线时，便可以入场做多，而当价格上行至上轨线时，便可以平仓多单。

需要注意的是，无方向的波动并不会长久地延续下去，一般价格在窄幅区间内的下轨线波动三四回合就要形成新的方向了。在操作时不宜提前预判新的趋势走向，而应当在方向形成后再进行操作。

2.3　日内投机操作方向矛盾的处理

在进行日内交易时需要关注均价线，主要原因有两个：①均价线是当天盘中不断变动的结算价，对投资者的操作具有重要的参考作用；②从均价线的计算公式可以得知，均价线是平均价格最直接的代表，它完全体现了某一时刻市场的平均成交成本。凡是涉及成本概念的指标都会对价格的波动起到支撑或压力作用，甚至会促进价格的上涨或下跌。

由于均价线涉及成本概念，所以可以将其视为价格波动的做多或做空的分水岭，若分时线在均价线上方，则意味着价格的波动保持着多头的波动状态，投资者此时应当考虑如何做多；若分时线在均价线下方，则意味着价格保持着空头的波动状态，投资者此时应当考虑如何做空。

均价线是对大方向的提示，而布林线指标中轨线反映的是实时的价格波动方向，虽然布林线指标中轨线提示的方向对实战操作更有帮助，但若与均价线相结合，则可以为投资者提示更加稳定的方向信号，具体如下。

（1）当分时线在均价线上方时，若布林线指标中轨线同步向上，则是最佳的做多区间。

（2）当分时线在均价线下方时，若布林线指标中轨线同步向下，则是最佳的做空区间。

（3）若分时线在均价线上方，而布林线指标中轨线向下，则为多单的方向矛盾区间。

（4）若分时线在均价线下方，而布林线指标中轨线向上，则为空单的方向矛盾区间。

当方向出现矛盾时，对于经验较少的投资者来说，一定要放弃操作，只在最佳操作区间才进行交易。随着投资者交易经验的增多，则可以忽略均价线的方向提示，更多依靠布林线指标中轨线方向进行操作。

交易方向矛盾的产生多发生于价格持续上涨或持续下跌之后，此时分时线离均价线非常远，价格有足够的空间进行大幅调整或反弹。在价格大幅度调整或反弹后，行情可能延续之前的走势，也可能由此彻底改变方向。可以在这一区间放弃操作，从而防范风险；即使进行了操作，由于是按中轨线方向交易的，对价格趋势变化的追踪较为及时，也并不会产生太大的风险，当然，这样做的前提是投资者有足够多的实战经验。

下面结合菜油2009合约案例进行说明，如图2-9所示。

在菜油2009合约2020年6月24日分时走势图中，夜盘开盘后价格便出现了下跌，此时，分时线持续运行在均价线下方，毫无疑问，在夜盘投资者必须坚定做空操作。

在日盘开盘后价格反弹变成了上涨，分时线始终运行在均价线上方，这对于投资者来说，大的方向是非常明确的，应当坚定地进行做多操作。由此，6月24日这一天的操作，只要夜盘做空，日盘始终做多，就可以盈利。

下面继续结合菜油2009合约案例进行说明，如图2-10所示。

图 2-9

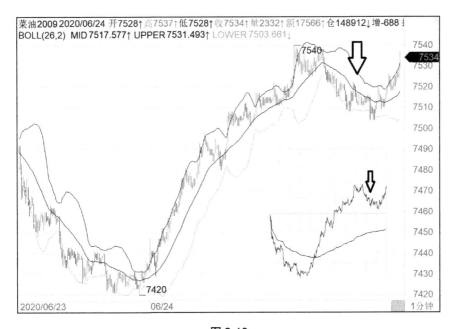

图 2-10

在菜油 2009 合约 2020 年 6 月 24 日 1 分钟 K 线走势图中，夜盘时布林线指标中轨线形成了连续下跌的走势，按照中轨线的方向提示，应当坚定地进行做空操作，此时分时线也在均价线下方，同步提示投资者做空，两者的方向完全一致，这对于投资者来说是最好的做空机会。

在日盘的上午，布林线指标中轨线持续向上，在价格的主要上涨阶段，分时线提示的方向与布林线指标中轨线完全一致，做多操作没有任何技术上的障碍。但到了日盘下午的时候，形势出现了变化，价格越长越高，分时线与均价线之间有了较大的距离，这就为价格有可能较大幅度地调整埋下了伏笔。在之后价格大幅调整时，分时线依然位于均价线上方，以此为依据进行操作依然要做多。而在大调整区间，布林线指标中轨线却形成了下降的趋势，并且还有标准的介入点与盈利空间。分时线与均价线出现分歧：一个提示做多，一个提示做空，这时又该如何操作呢？

对于经验不多的投资者而言，凡是有矛盾的区间都必须放弃操作，其实就 6 月 24 日当天整体的走势而言，放弃这一区间的操作并没有太大影响，千万不要有丢失机会感觉可惜的想法，坚守原则比丢失机会更重要。若投资者有足够的应对经验，则可以跟随布林线指标中轨线的方向进行操作。因为布林线指标中轨线对价格方向的追踪能力最好，可以紧紧捉住当前最新的趋势，并提示操作的介入点。根据自己的能力制定不同的交易策略，方向一致就坚定操作，方向不一致就根据自己的情况分别对待。

下面结合白糖 2009 合约案例进行说明，如图 2-11 所示。

在白糖 2009 合约 2020 年 6 月 24 日分时走势图中，价格先形成了持续上涨的走势，在上涨过程中，分时线在绝大多数的时候都位于均价线上方，这是非常明显的做多信号。

在上涨行情结束之后，价格转为了下跌。在下跌初期，虽然价格高点不断下降，重心不断下移，但由于分时线依然位于均价线上方，所以，在初期下跌阶段并不能着急入场做空。在分时线跌破了均价线之后，入场做空的胜算会更大。

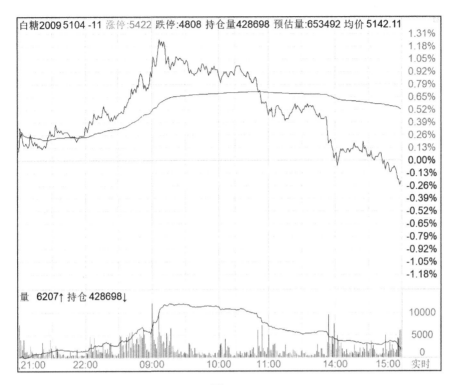

图 2-11

无论是以均价线确定方向还是以布林线指标中轨线确定方向，都不会出现矛盾区间，所谓的矛盾区间都是由两个以上的指标一起进行分析形成的。使用两个以上的指标确定方向，虽然盈利概率会更大，但也会产生矛盾区间，所以有利有弊。

下面继续结合白糖 2009 合约案例进行说明，如图 2-12 所示。

在白糖 2009 合约 2020 年 6 月 24 日 1 分钟 K 线走势图中，价格先形成了持续上涨的走势，在上涨过程中，布林线指标中轨线始终保持着向上的状态，不仅给了投资者明确的做多信号，还提供了好几次中途介入的好买点。

价格在上涨到高位后略微震荡，布林线指标中轨线便形成了下降趋势，再次给投资者带来了做空的大好机会。由此可见，始终跟着中轨线方向走肯定不会吃亏。若中轨线向上则做多，若中轨线向下则做空，价格方向的转变一定能够带来新的机会。

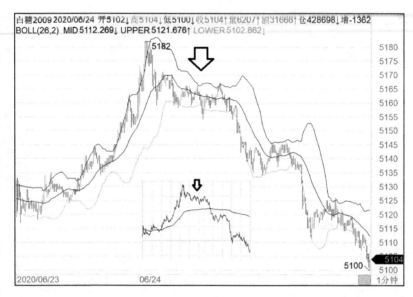

图 2-12

将均价线与布林线指标中轨线结合分析可以看到，在价格下跌的初期其实是不能操作的，因为两个指标有明显的矛盾。对于经验不多的投资者来说，不宜在这个区间进行操作。即使错过了这个区间的做空机会，影响也不会很大，因为在价格跌破均价线之后，两个指标的方向又完全一致了。这时再进行操作，方向已经经过了验证，获利的可能性更高。

下面结合液化气 2011 合约案例进行说明，如图 2-13 所示。

在液化气 2011 合约 2020 年 6 月 24 日分时走势图中，分时线绝大多数时间都位于均价线下方，这意味着只要投资者在当天坚定地进行做空操作，就必然会抓住那波幅度最大的下跌行情。

"顺势而为"一是顺应方向，二是顺应性质。价格的波动方向向下，波动性质为空，这样的价格走势最容易产生大幅度的下跌。

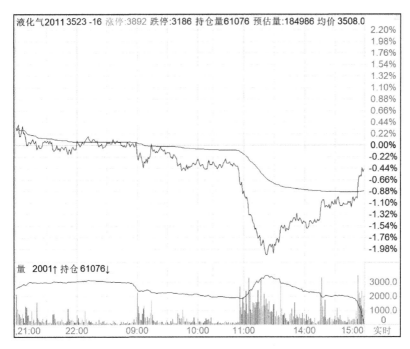

图 2-13

下面继续结合液化气 2011 合约案例进行说明，如图 2-14 所示。

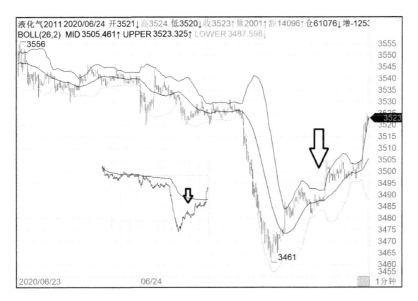

图 2-14

在液化气 2011 合约 2020 年 6 月 24 日 1 分钟 K 线走势图中，布林线指标中轨线长时间保持着下降的趋势，这与均价线的方向一致，此时做空肯定可以实现不错的收益。

随着一轮大跌行情的结束，布林线指标中轨线由下降趋势转变成上升趋势，若按中轨线方向进行操作，投资者可以捉住一波上涨的行情。这也是将布林线指标中轨线作为实战时的主要操作方向的原因，它可以及时地追随价格方向的变化。

若把中轨线与均价线指标结合在一起分析，就会出现矛盾区间。在前两大波反弹上涨的行情中，分时线位于均价线下方，提示价格的波动性质为空，应当等待做空的机会，但中轨线却在此时形成上升趋势，提示投资者做多，产生了矛盾。产生矛盾并不可怕，但要知道为什么会出现这样的现象，为什么在下跌初期阶段很少出现矛盾区间，而往往在价格大幅下跌之后就会出现呢？这是因为价格经过大幅度下跌，有了足够的空间进行反弹，就算在反弹后转为下跌，持续反弹的过程也必然会让中轨线形成上升趋势，从而与位于均价线下方的分时线产生矛盾区间。

在价格大幅下跌之后产生矛盾区间，做空的机会并不大了，所以，放弃操作也不失为一种好策略。如果想有更多的交易机会，那么在操作经验足够多的前提下，按中轨线的方向交易也是正确的。

下面结合豆一 2009 合约案例进行说明，如图 2-15 所示。

在豆一 2009 合约 2020 年 6 月 24 日分时走势图中，价格先形成了持续下跌的走势，此时分时线始终位于均价线下方，只要投资者在这一区间始终做空，就能够轻松获得较多的日内投机收益。

在 2020 年 6 月 24 日上午 11 时左右，价格一举突破了均价线的压力，分时线站在了均价线上方，这时投资者就要转换思路，进行做多操作。价格的波动性质发生了转变，投资者一定要在操作方向上随之转变，只要手中的单子始终与价格的波动性质一致，获得较高的收益便不是难事了。

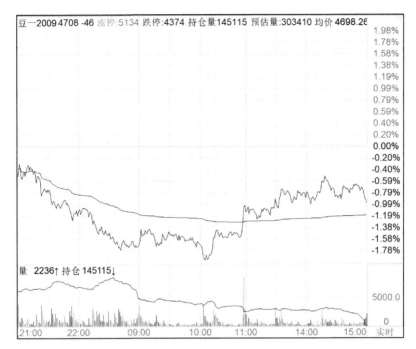

图 2-15

下面继续结合豆一 2009 合约案例进行说明，如图 2-16 所示。

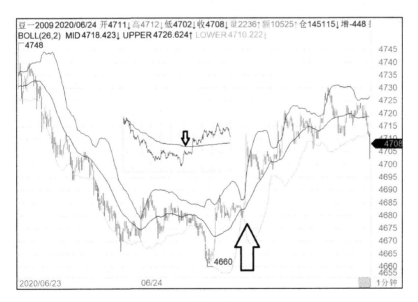

图 2-16

在豆一 2009 合约 2020 年 6 月 24 日 1 分钟 K 线走势图中，布林线指标中轨线的方向还是非常明确的，先是形成了持续性下跌的走势，在这个区间投资者可以有多次中途入场的好机会。在价格见底之后布林线指标中轨线转为上升趋势，这时若再随着中轨线方向入场做多，那么接下来的盈利机会便都捉住了。

若仅依靠布林线指标中轨线进行操作，那么这一整天的交易方向都没有技术上的识别难度。若把均价线与布林线指标中轨线结合在一起进行分析，就会存在"空转多"的技术转变：分时线位于均价线的下方，提示投资者应当继续等待做空的机会，而布林线指标中轨线转为上升趋势，提示投资者做多。

这个矛盾的发生同样是因为价格距离均价线较远，有了足够大的反弹空间导致的，这一点从以上几个案例中都可以得到验证。因此，当投资者发现价格距离均价线较远时，一定要留意交易方向，因为其有可能出现背离现象。也可以这样操作：若价格与均价线相差不远，则将两者结合在一起分析，确定一个更稳定的方向；若价格离均价线较远，则可以忽视均价线对方向的提示信号，只根据布林线指标中轨线的方向进行操作，这样既可以避免矛盾的产生，又可以及时地把握住价格新的波动方向带来的机会。

2.4　日内投机不同周期方向矛盾的处理

许多投资者在实战操作时会有一个不好的看盘习惯，即把一个品种的常见 K 线周期全部调出来，比如，在做日内交易的同时查看 1 分钟 K 线、3 分钟 K 线、5 分钟 K 线、15 分钟 K 线等，还美其名曰"周期共振"。这种看盘的方式本身并没有什么错误，但并不适合经验少的投资者。许多投资者在运用这样的看盘方式时并没有结合自身的经验积累状况，从而总是产生麻烦，没有获得好的操作效果。

长周期的方向是由短周期驱动的，1 分钟 K 线向上走得好，驱动着 3

分钟 K 线也向上走出形态；3 分钟 K 线向上走得好，驱动着 5 分钟 K 线也向上走出形态……若形态转为下跌也必然是 1 分钟 K 线先转为下跌，而后 3 分钟 K 线转为下跌，5 分钟 K 线再转为下跌……而绝非是长周期向上带动了短周期向上，长周期向下带动了短周期向下。所以，寻求周期共振是错误的想法，因为在短周期已经处于相对高位时，长周期可能还处于低位。

更多时候，长周期上的两三根很正常的调整阴线，反映在短周期上就是一轮连续性的下跌行情。若将多个周期放在一起看：短周期向下，中周期横盘，长周期向上，方向各不相同，该怎么做？

由此可见，将各种周期搭配在一起来看盘，效果其实是非常差的，相信正在使用这种方法看盘的投资者会深有感触。这种看盘方法需要改变，但不是说不能将多周期放在一起看，而是不要同时看太多周期。将长周期与短周期搭配在一起是可行的，但是最好只两个周期互相搭配，而且这两个周期必须要有足够大的时间跨度。比如将 30 分钟 K 线与 1 分钟 K 线搭配，或者 3 分钟 K 线与 60 分钟 K 线或日 K 线搭配。这样的周期搭配，彼此的矛盾会比较少。在操作时可以将长周期的方向作为更加稳定的方向指引，比如，若长周期向上、短周期向下，则耐心等待，等到短周期重新形成上升趋势，两者方向一致了，便可以入场做多。这样一来，不仅没有方向上的矛盾，还可以获得安全性更高的操作效果。这与均价线与布林线指标中轨线矛盾的解决思路一致。这样的操作也就是所谓的"看长做短"，是正确的操作方法，而不是将 K 线周期全列出来。

我们操作的是技术形态，能否盈利取决于这个技术形态是否走成功了。比如做 W 底形态，在 1 分钟 K 线周期上有这种形态，在 30 分钟 K 线周期上也有……在任何 K 线周期上都有。如果形态运行失败，那么在所有周期上的操作都会引发亏损；如果形态运行成功，那么在所有周期上的操作都会盈利。所以，一定要清楚盈亏的根本原因，盈亏取决于形态的成功与否，与周期没有任何关系。综上所述，若只按一个 K 线周期的方向进行分析与操作是最好的，能够省去许多麻烦，也能在一定程度上避免亏损。

下面结合 PP2101 合约案例进行说明，如图 2-17 所示。

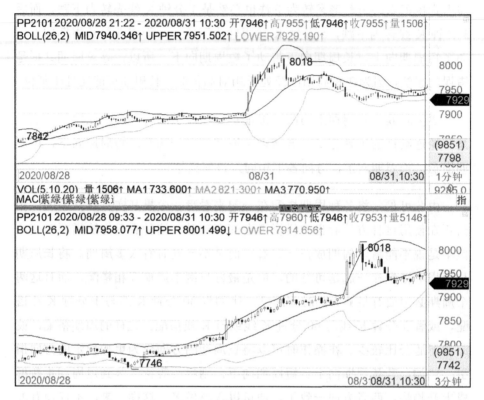

图 2-17

选取 2020 年 8 月 31 日 PP2101 合约两个周期进行看盘分析，分别是 1 分钟 K 线周期与 3 分钟 K 线周期。从图 2-17 中的走势来看，价格形成了一轮连续上涨的走势，在大部分上涨的过程中，1 分钟 K 线与 3 分钟 K 线的走势差异不大。这说明在单边行情出现的时候，长周期与短周期的走势往往会产生共振。

在上涨行情结束之后，随着震荡行情的到来，两个不同周期的走势产生了差异。1 分钟周期较短，该技术形态中价格的方向变化是最早的，随着行情的调整，布林线指标中轨线由上升趋势转变成下降趋势。而在 3 分钟 K 线图中，价格调整的低点在触碰到中轨线的支撑位后便暂时停止了下跌。

3 分钟 K 线方向依然向上，1 分钟 K 线却改变了方向，转为下跌，此时该如何做决策呢？

在具体操作时，如果只看 1 分钟 K 线，那么可以在布林线指标中轨线方向转变时做空。而如果只看 3 分钟 K 线，则可以继续寻找机会做多，因为布林线指标中轨线方向依然是坚挺向上的。分别单独查看这两个周期的 K 线图，操作方法是非常清晰的，若将两个周期的 K 线放在一起分析，就会产生许多干扰，影响操作，因此，固定一个周期进行分析是最佳的解决之道。

下面结合焦炭 2101 合约案例进行说明，如图 2-18 所示。

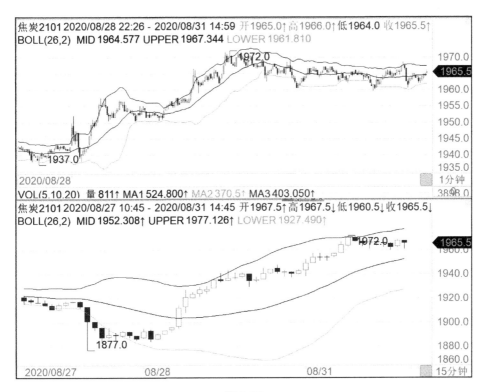

图 2-18

在焦炭 2101 合约 2020 年 8 月 31 日走势图中，分别对 1 分钟 K 线和 15 分钟 K 线进行分析。从 1 分钟 K 线图中来看，开盘后价格出现了震荡上涨的走势，在震荡过程中投资者有多次中途介入的机会。15分钟K线周期的上升趋势更为明显。这种现象说明在单边波动的过程中，长周期与短周期的表现更趋于一致。

在1分钟K线图中，价格在上涨之后出现了调整，布林线指标中轨线转为向下的走势，此时投资者应当进行做空的操作。而在15分钟K线图中，价格仅仅是一次正常的调整，并且调整的幅度非常小，应当继续寻找中途做多的机会。1分钟K线的方向偏空，而15分钟K线的方向偏多，由此可见，只要价格不再保持单边的波动，矛盾现象便会出现。

若只按1分钟K线进行操作，则顺着中轨线的方向择机做空就可以了；若按照15分钟K线形态进行操作，那么还需要继续积极做多。本身非常明确的操作，却因为两个周期的结合而变得混乱。

下面结合铁矿2101合约案例进行说明，如图2-19所示。

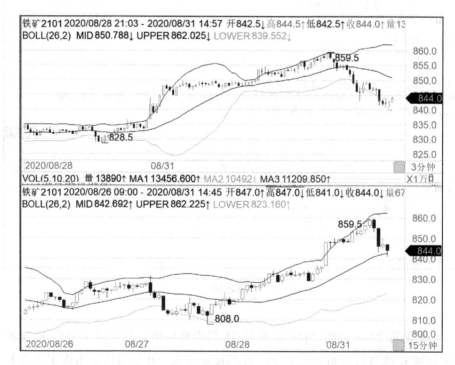

图 2-19

在铁矿 2101 合约 2020 年 8 月 31 日走势图中，分别对 3 分钟 K 线与 15 分钟 K 线进行分析。在 3 分钟 K 线图中，价格的上涨与中途的调整都与 15 分钟 K 线保持着一致，若在这个区间根据周期共振的原理进行做多，那么一定可以把握住机会并有所盈利。

不过，随着价格的调整，形势发生了变化。在 3 分钟 K 线图中，布林线指标中轨线由上升趋势转变成下降趋势，此时应当择机进行做空的操作。而在 15 分钟 K 线图中，布林线指标中轨线依然坚挺向上，在价格调整到中轨线支撑位置时，应当寻找机会进行做多操作。

此时又出现了矛盾现象，具体该怎么做，取决于投资者选择在哪个 K 线周期上进行操作，如果在 3 分钟 K 线周期上操作，就不要管 15 分钟 K 线的趋势，反之亦然。解决矛盾的最好方法就是只关注一个周期的 K 线进行操作。

下面结合菜油 2101 合约案例进行说明，如图 2-20 所示。

图 2-20

在菜油 2101 合约 2020 年 8 月 31 日的走势图中，分别对 1 分钟 K 线与 30 分钟 K 线进行分析。这两个周期的时间跨度比较大，因此，适合搭配在一起进行分析。遵循长周期定方向的原则，可以先从 30 分钟 K 线走势进行分析。在 30 分钟 K 线走势中，布林线指标中轨线刚刚将方向转变成向上，因此，需要坚定做多操作。

在 30 分钟 K 线指明了方向之后，再看 1 分钟 K 线的走势，操作就非常明确了：在 1 分钟 K 线图中积极地寻找做多形态进行交易，只要有买点信号出现就入场参与，这样的操作不仅顺应了 30 分钟 K 线的"大势"，还顺应了 1 分钟 K 线的"小势"，技术信号成功的可能性也会随之提高。周期跨度较大，彼此走势上的干扰较小，长周期的趋势具有稳定性，短周期的趋势具有灵活性，将这两种周期相结合，提高操作依据的可靠性。

对于绝大多数投资者而言，只关注一个周期的走势是最好的方法，因为技术难点低、容易掌握，同时，受到的干扰更小，这也是笔者提倡的做法。当投资者自身的综合操盘能力提升到一定的高度之后，也可以考虑将长周期与短周期搭配在一起分析。

虽然确定所要分析的 K 线周期是一个小问题，但如果处理不好这个小问题，也容易在投资过程中产生困扰，甚至产生亏损，相信读者朋友们通过学习本节内容，一定会克服关于 K 线周期选择的问题。

2.5　微方向与大方向矛盾的处理

在期货市场中，大方向指的是当天市场整体的多空状态，微方向指的是目标品种自身的涨跌方向。大方向与微方向有以下四种情况。

（1）大方向向上或向下，微方向也同步向上或向下，微方向顺从大方向保持同步状态。在这种情况下，投资者不管是做多还是做空，盈利的概率和幅度都很大。

（2）大方向向上，微方向向下，目标品种的走势与市场整体的走势完全相反。在这种情况下，应当放弃该目标品种，寻找与大方向保持一致的品种进行操作。

（3）大方向向下，微方向向上，目标品种走势与市场整体的走势仍然完全相反，此时也应当更换与大方向保持一致的品种进行操作。

（4）大方向形成了分化状态，那么微方向向上的可以做多，微方向向下的可以做空。但若市场呈一边倒的多头或空头状态，则不可如此操作。

微方向一会儿与大方向相反，一会儿又顺从大方向，面对这样的情况，只要坚持一点就足以应对：若微方向与大方向一致，则按照方向坚定操作；若微方向与大方向相反，则换品种操作。

图 2-21 所示为 2020 年 10 月 26 日市场多空状态。

序	代码	名称	最新	涨跌	↑涨幅
1	sc2012	原油2012	255.8	-10.9	-4.09%
2	AP101	苹果2101	7548	-283	-3.61%
3	i2101	铁矿2101	760.5	-26.0	-3.31%
4	MA101	甲醇2101	2004	-67	-3.24%
5	fu2101	燃油2101	1865	-56	-2.92%
6	TA101	PTA 2101	3490	-82	-2.30%
7	ag2012	白银2012	5096	-114	-2.19%
8	ni2012	沪镍2012	117890	-1850	-1.55%
9	zn2012	沪锌2012	19520	-245	-1.24%
10	SR101	白糖2101	5251	-59	-1.11%
11	rb2101	螺纹2101	3613	-38	-1.04%
12	jm2101	焦煤2101	1343.5	-14.0	-1.03%
13	eg2101	乙二醇2101	3881	-32	-0.82%
14	pg2012	液化气2012	3753	-29	-0.77%
15	CF101	棉花2101	14490	-105	-0.72%
16	cu2012	沪铜2012	51810	-300	-0.58%
17	SA101	纯碱2101	1616	-7	-0.43%
18	m2101	豆粕2101	3249	-14	-0.43%
19	au2012	黄金2012	401.56	-1.24	-0.31%
20	sp2012	纸浆2012	4604	-12	-0.26%
21	eb2101	苯乙烯2101	6359	-16	-0.25%
22	bu2012	沥青2012	2428	-4	-0.16%
23	RM101	菜粕2101	2498	-2	-0.08%
24	pp2101	PP2101	7749	-1	-0.01%
25	UR101	尿素2101	1706	0	0.00%
26	j2101	焦炭2101	2144.0	6.5	0.30%
27	l2101	塑料2101	7240	25	0.35%
28	cs2101	玉米淀粉2101	2893	11	0.38%
29	c2101	玉米2101	2583	10	0.39%
30	ZC101	动煤2101	577.6	2.8	0.49%
31	p2101	棕榈2101	6188	66	1.08%
32	OI101	菜油2101	9260	128	1.40%
33	y2101	豆油2101	7258	110	1.54%
34	a2101	豆一2101	4835	92	1.94%
35	ru2101	橡胶2101	15350	485	3.26%

图 2-21

2020 年 10 月 26 日，期货市场呈现了明显的空头状态，在 35 家活跃的品种中，有 24 家出现了下跌，1 家平盘，10 家上涨，由于下跌的品种数量明显多于上涨品种的数量，因此，此时市场的环境便可以定义为空头市场。

在确定了市场的多空环境之后，就可以确定操作的方向了，这一天操作的目标品种一定要形成下降趋势，只有微方向顺从大方向，才能提高盈利概率，获得较多收益。

图 2-22 所示为 2020 年 10 月 26 日跌幅前四名品种的走势图。

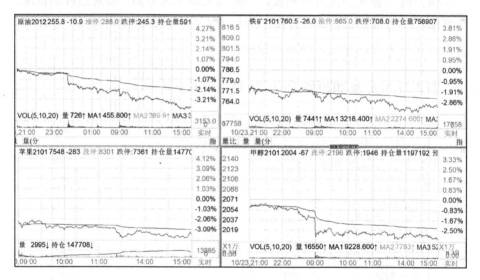

图 2-22

跌幅前四名品种分别是原油 2012 合约、苹果 2101 合约、铁矿 2101 合约和甲醇 2101 合约。从图 2-22 分时图的走势来看，这四个品种都有一个共性：价格在盘中保持了连续的下跌走势，并且盘中实际跌幅都比较大，可为投资者带来较为丰厚的收益。

同时，由于价格持续不断地下跌，基本上在较低点处收盘，因此，就算投资者在盘中介入的某个点位的价格不太理想，也依然可以实现盈利。

这四个品种都顺应了大方向，在得到大环境支持的情况下，价格持续性地回落也就很正常了。

下面结合橡胶 2101 合约案例进行说明，如图 2-23 所示。

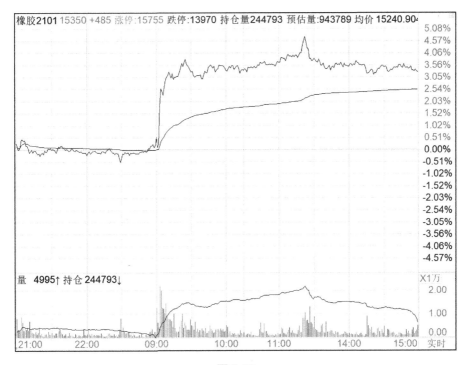

图 2-23

在图 2-23 中，橡胶 2101 合约 2020 年 10 月 26 日夜盘的走势平淡无奇，价格保持着窄幅波动的状态，虽然夜盘分时线位于均价线下方的时间较长，价格具有明显的空头特征，但由于该品种在当天的跌幅排名落后，价格在盘中的跌幅很小，因此，可操作性很差。

在日盘开盘后，价格快速上冲。面对刚开盘的走势，投资者一般是没有机会开仓成功的，等到可以成功开仓的时候，价格已经到达了高位。虽然盘中价格有过一波上涨的行情，但价格又原路跌了回来，其后就始终在早盘期间的震荡范围内保持着震荡。

由于盘面趋势为空，所以虽然橡胶往往是涨幅第一名的品种，但受限于大环境也无法出现持续上涨的走势，而一旦做多的介入点位较高，那么，当天就很难有解套的机会了。对于这种微观方向与大方向完全相反的品种，就算它们走势再好，投资者也不要关注，应当始终把目光锁定在本身的走势方向与大方向一致的品种上。

下面继续结合焦炭 2101 合约案例进行说明，如图 2-24 所示。

图 2-24

在 2020 年 10 月 26 日焦炭 2101 合约走势图中，夜盘价格保持了上下震荡的走势，多与空的方向都不明确，操作难度比较大。当碰到这种方向无法保持单边状态的走势时，最好的操作策略就是更换品种。

到了日盘，焦炭 2101 合约价格的上涨走势还是可以的，当分时线在均价线上方的时候，多次调整的走势给投资者带来了逢低做多的机会，虽然价格波动的幅度并不是太大，但依然存在着盈利的机会，这仅仅是从价格走势中得出的结论，但在实际操作中还要对大方向进行分析。

当天的大环境方向是下跌的，而焦炭的微方向是向上的，两者出现了矛盾。大环境的方向不可能跟随着单个品种的微方向走，只能是单个品种的方向顺从大方向。因此，当微方向与大方向出现矛盾时，意味着这个品种并不是当前最佳的操作对象。

当大方向向下时，只有坚定地对跌幅排名居前的品种做空，才可以获得稳定的收益。顺势操作，除了要顺从品种自身的方向以外，更要顺从大方向，而这才是真正意义上的"顺势"。

图 2-25 所示为 2020 年 10 月 29 日市场多空状态图。

2020 年 10 月 29 日，市场下跌的品种数多于上涨的品种数，从涨跌品种数的对比可以判断出市场性质偏空。从品种的涨跌幅度来看，下跌前三名的平均跌幅超过上涨前三名的平均涨幅，进一步说明市场中空方的力量相对较大，因此，在操作上需要以做空为主。

不过，10 月 29 日这天涨幅位于前列的品种的力量也并不弱小，涨幅排名第一的苯乙烯上涨幅度为 4.26%，这说明虽然多头并不是今天的大趋势，但也依然有操作的价值。因此，做多也可以成为一个重要的备选操作方法，但最好是对涨幅前三名的品种进行操作，做涨幅较大的品种。

通过对比涨跌品种数与涨跌幅度便可以制定出当天的交易策略了，以做空为主，做多为辅，谁有好的形态便可以对谁积极操作。

下面结合燃油 2101 合约案例进行说明，如图 2-26 所示。

序	代码	名称	最新	涨跌	↑涨幅
1	sc2012	原油2012	237.7	-17.2	-6.75%
2	ag2012	白银2012	4958	-223	-4.30%
3	bu2012	沥青2012	2306	-80	-3.35%
4	fu2101	燃油2101	1777	-57	-3.11%
5	ru2101	橡胶2101	15770	-450	-2.77%
6	au2012	黄金2012	399.78	-5.66	-1.40%
7	m2101	豆粕2101	3202	-42	-1.29%
8	RM101	菜粕2101	2452	-32	-1.29%
9	SA101	纯碱2101	1583	-20	-1.25%
10	eg2101	乙二醇2101	3788	-46	-1.20%
11	CF101	棉花2101	14435	-165	-1.13%
12	AP101	苹果2101	7356	-81	-1.09%
13	l2101	塑料2101	7185	-75	-1.03%
14	UR101	尿素2101	1716	-14	-0.81%
15	TA101	PTA 2101	3432	-28	-0.81%
16	sp2012	纸浆2012	4574	-28	-0.61%
17	y2101	豆油2101	7216	-44	-0.61%
18	zn2012	沪锌2012	19690	-110	-0.56%
19	ni2012	沪镍2012	121600	-500	-0.41%
20	cu2012	沪铜2012	51470	-210	-0.41%
21	pp2101	PP2101	7791	-26	-0.33%
22	MA101	甲醇2101	2034	-6	-0.29%
23	j2101	焦炭2101	2169.5	2.0	0.09%
24	p2101	棕榈2101	6284	20	0.32%
25	pg2012	液化气2012	3761	17	0.45%
26	c2101	玉米2101	2608	13	0.50%
27	cs2101	玉米淀粉210·	2934	19	0.65%
28	rb2101	螺纹2101	3668	25	0.69%
29	i2101	铁矿2101	779.5	5.5	0.71%
30	SR101	白糖2101	5270	43	0.82%
31	jm2101	焦煤2101	1357.5	19.0	1.42%
32	ZC101	动煤2101	589.2	8.6	1.48%
33	a2101	豆一2101	5000	86	1.75%
34	OI101	菜油2101	9557	264	2.84%
35	eb2101	苯乙烯2101	6832	279	4.26%

图 2-25

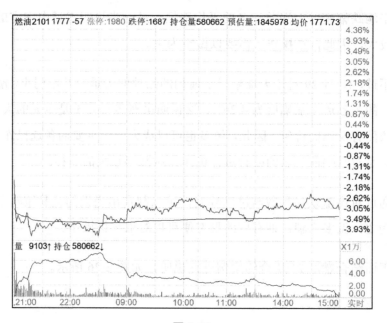

图 2-26

在图 2-26 中，2020 年 10 月 29 日的夜盘期间燃油 2101 合约价格出现了下跌的走势，可以对它进行积极的做空操作。大方向偏空，小方向也顺从偏空，这是市场在让投资者"捡钱"，顺从方向操作获利会非常轻松。

在进入日盘之后，分时线始终在均价线上方，这样的走势说明价格的波动具备了多头的特征，品种本身的跌幅靠前说明其价格性质偏空，但技术走势却呈现了多头的状态。在整个日盘期间，燃油的小方向与大方向完全相反，应当放弃对它的关注及操作。

下面结合豆油 2101 合约案例进行说明，如图 2-27 所示。

图 2-27

豆油 2101 合约在 2020 年 10 月 29 日开盘之后分时线就始终运行于均价线上方，价格始终保持着多头的状态，这样的走势是否可以做多呢？

如果单从这一个品种的走势形态来看，的确是应当做多的，毕竟操作要跟着形态走。但如果结合当前市场整体下跌的大方向，则不可以做多。同时，豆油一般属于下跌的品种，不是上涨的品种，在下跌的大方向上做多应当只对涨幅前三名的品种进行，此时豆油本身价格的涨幅并不排在前三名，不能对它进行操作。

豆油的走势属于典型的小方向与大方向完全背离的形态，因此，在这一天应当放弃对它的关注与操作。做空轮不着它，因为它形成了多头的形态；做多也轮不着它，因为它并不是多头力量最大的品种。

下面继续结合苯乙烯 2101 合约案例进行说明，如图 2-28 所示。

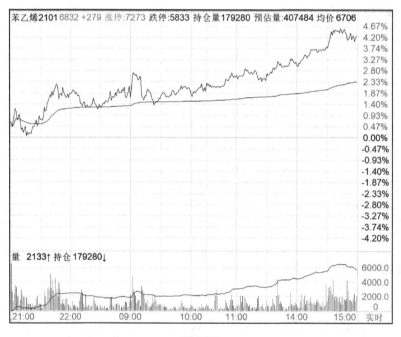

图 2-28

苯乙烯 2101 合约在 2020 年 10 月 29 日开盘后略做下探便形成了持续上涨的走势，在上涨的过程中，分时线始终位于均价线上方，形成了明显的多头技术形态，在市场大方向偏空的情况下，可以对它进行做多操作吗？

如果苯乙烯的涨幅排名像豆油一样是落后的，那肯定是不可以做多的，但它的涨幅排名是当天的第一名，是市场中多头力量最为强大的品种，自然可以对它进行做多操作。涨幅第一名的品种任何时候都可以找机会做多，跌幅第一名的品种任何时候都可以找机会做空。

在对苯乙烯关注及做多时，同时要留意形成空头形态且跌幅靠前的品种，如果这类品种有技术形态，则依然可以进行做空操作，毕竟市场的大方向是明确向下的。

总结一下，当目标品种的小方向与大方向相反时，如果目标品种是涨幅或跌幅前三名，并且涨跌幅度较大，则可以进行关注与操作，反之就需要放弃关注与操作。对于经验不多的投资者来说，在小方向与大方向一致时积极操作，在两个方向相反时放弃操作，这是最佳的策略，也是最容易实现盈利的策略。

第3章

3

日内交易核心量价分析

无论是对于期货市场还是股票市场，量与价都是一起分析的，即量价不分家。当对价格波动形态进行分析时，成交量的变化可以起到非常重要的辅助作用，结合成交量的因素，可以提升分析的准确度。相比价格所产生的技术形态而言，成交量的形态少很多，其技术特点很容易掌握。而相比股票市场，期货市场对于成交量的分析主要用于短周期（一般不超过 30 分钟周期）K 线图中，在期货长周期中，价格的技术形态是主要的分析对象；在股票市场中，任何周期的 K 线，都需要结合成交量进行操作分析。

虽然成交量的分析并不是任何时候都有必要进行的，但在关键波动形态中结合成交量分析，可以使分析得到的结论更贴近市场的真实波动。本章介绍如何在期货交易过程中进行量价分析。

3.1　哪里有量哪里就有机会

成交量的变化是什么？其实就是资金进出场的外在体现，成交量放大则说明资金交易活跃。使用资金进行开仓或者平仓，都会产生成交量，从而对价格产生较大的影响,给投资者带来好的操作机会。而成交量萎缩则意味着投资者失去了操作的兴趣,市场中的资金交易不够活跃,若交易品种没有资金的介入,其价格就无法波动,如一潭死水。

想要寻找好的操作机会,就要意识到:哪里有量哪里就有机会,量大则机会大,量小则机会小。因此,进行量价分析的第一步就是要找到放量区间,然后在这个区间密切留意交易的机会。

当成交量放大的时候,价格往往已经开始波动了,在成交量明确放大时,价格已经有了一定幅度的上涨或下跌,此时还可以操作吗?价格的波动往往具有延续性,而资金的入场也肯定会有周期上的持续性。资金进出场最基本的流程是"建仓—发动行情—盈利出局",所以,如果价格的波动只是第一波放量的时候,那么该波动也仅是开始阶段,这说明资金刚刚入场,还没有大幅发动行情,后期必然有进一步的上涨或下跌。

若成交量的放大已经延续了较长的时间,那么放量后还有没有交易的机会就要看放量的进程是否到了尾声,若现在的价格相比第一轮放量区间的价格已经有了很大的盈利,那么此时的放量可盈利的空间就不大了,应当放弃操作。

下面结合 PP2009 合约案例进行说明,如图 3-1 所示。

在 PP2009 合约 2020 年 6 月 29 日 1 分钟 K 线走势图中,价格在最后一轮放量下跌之后再也无法创出新低了。为何不再下跌了呢?因为成交量萎缩了,资金在此区间失去了做空的兴趣,在得不到资金持续入场推动的情况下,趋势转变成了上涨。

在价格上涨的初期阶段,成交量非常大,这恰恰说明了哪里有量哪里就有机会。成交量的放大意味着资金在此区间的交易非常活跃,价格必然会大幅波动,因此,价格后续会持续上涨也就是意料之中的事情了。在发现成交量放大的时候,价格已经上涨一大段了,此时还有入场的机会吗?这要结合放量位置的价格来判断,看价格后期还有没有上涨的可能性。

图 3-1

价格下跌完之后的放量是上涨过程中的放量，而不是多头资金的离场，因此，这个位置的放量是资金入场的信号。做多的资金入场为的是盈利，在价格还没有拉出一定空间的情况下，自然有机会盈利。放量处于价格起涨的初期，可操作性自然是最强的。

下面继续结合沪镍 2010 合约案例进行说明，如图 3-2 所示。

在沪镍 2010 合约 2020 年 7 月 6 日 1 分钟 K 线走势图中，价格在低点徘徊了很长时间，之所以没有大的波动，是因为成交量在这一区间始终保持着无量的状态，无量是资金无兴趣操作的信号，因此，这个区间不要轻易入场，否则这种窄幅震荡行情会非常折磨人。

价格经过了一段时间的无量震荡，在开盘时，成交量突然出现了放大的迹象，这个时候，价格也终于随着成交量的放大形成了明确的上升趋势。

由此可见，一轮趋势的形成，成交量的"助攻"是多么重要。在价格上涨的初期，虽然成交量有所放大，但放大幅度并不明显，所以，对应的价格表现为温和地上涨。而随着行情的延续，成交量进一步增大，并远超过之前的量能，"大量对应大机会"，一轮快速上涨行情随之到来。

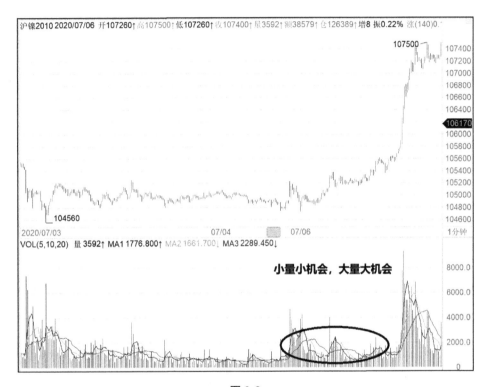

图 3-2

这个案例清楚地显示了成交量变化的三个过程："无量"无波动，"小量"小波动，"大量"大波动。那么当"大量"出现的时候是不是还有机会呢？结合位置来看，当最大一波量出现的时候，价格已处于高位，盈利机会最大的是低成本的投资者，此时对于未开仓的投资者来说盈利机会就并不大了。若在低位起涨处发现放量，则可以积极操作。同样是放量，位置不同，操作的方式也就不同。

下面结合苹果 2010 合约案例进行说明，如图 3-3 所示。

图 3-3

在苹果 2010 合约 2020 年 7 月 9 日 1 分钟 K 线走势图中，出现了一波连续下跌的行情，在这一大波行情中的技术形态上有介入点与持仓信号，从成交量的变化进行分析，可以制定出正确的操作方案。

在开盘之后，苹果 2010 合约价格下跌，在价格下跌的初期，成交量明显放大，由于这是当天开盘之后价格下跌的第一轮放量，因此这个区间的放量肯定不是做空资金出逃，而应该是做空资金入场。既然有大量资金在这个区间入场，那么，这些入场的投资者必须要有更低的点位才能盈利，因此，价格会继续下跌。在价格下跌之后，若长时间横盘震荡则该如何通过量能解读呢？放量下跌是资金入场做空的信号，随后的无量则说明之前入场的资金并没有离场，那么，价格将会继续下跌，否则入场的资金无法盈利。

价格在经过较长时间的横盘震荡后，成交量继续放大，新一轮的下跌行情再度出现。此时有量价格就会下跌，无量价格就会反弹，根据这个节奏去把握市场的波动，操作也就变得简单了。在价格下跌初期一定要寻找有量能的位置，此处可以更直观地看出资金的进出意图，然后在无量区间寻找介入点，并在随后的放量过程中坚定持仓，如此一来，交易的难度将会大幅降低。

下面结合 PP2009 合约案例进行说明，如图 3-4 所示。

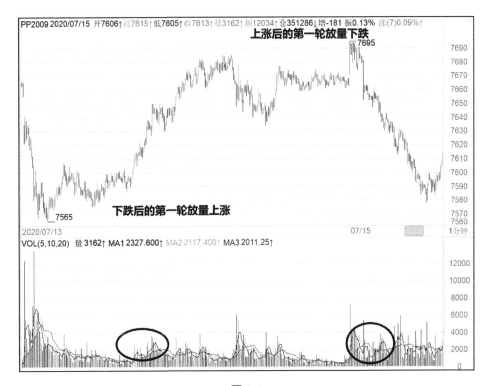

图 3-4

在 PP2009 合约 2020 年 7 月 13 日至 15 日 1 分钟 K 线走势图中，价格在开盘下跌结束后，形成了上涨的走势，在低位震荡区间成交量始终保持着萎缩的状态，这样的量能为后面的放量提供了重要的参考，投资者可以轻松地从中对比出成交量是否形成了放大。

在放量初期，资金的入场引发了行情，此时是一轮行情的起点，随着价格的上涨，成交量形成了放大的态势。

在整个上涨过程结束，价格到达最终的高位后开始卜跌，在价格卜跌过程中，成交量同样保持着放大的状态，这与上涨时的量价状态完全一致。哪里放量哪里就有盈利机会，但一定要结合价格所处的位置进行判断，价格波动初期的放量带来的是入场的机会，波动中期的放量带来的是继续持仓的机会，波动末期的放量则是出场的机会。

3.2 放量与缩量的标准

在对成交量进行分析的时候，经常会说放量与缩量，那么什么样的量能状况是放量，什么样的量能状况是缩量呢？放量的标准是什么，缩量又应当如何判断呢？

在对放量与缩量进行分析的时候，不宜使用固定的数值对两者进行区分，比如在分钟K线中，把每分钟高于1000手成交的量视为放量，低于该标准的视为缩量，这是不可取的。在不同的价格时期，量能放大的程度也是各不相同的，在成交量连续活跃的区间，每分钟2000手的成交量可能都是小量，而在价格波动低迷时期，每分钟500手的成交量可能都是大量。

成交量的放大与萎缩需要使用对比的方式进行分析，如果将之前的量能作为参照，那么之后的量能是放大还是萎缩就非常容易判断了。比如，之前每分钟成交量是500手，而之后每分钟成交量是800手，则说明成交量形成了放大的态势；若之后每分钟的成交量仅为300手，就表示成交量出现了萎缩。用对比的方法判断成交量的放大与萎缩是最直接有效的。

关于成交量的放大与萎缩，除使用对比的方法进行分析以外，还可以使用均量线指标进行辅助分析。若成交量柱体位于均量线上方，则表示成交量形成了放大的态势，若成交量柱体位于均量线下方，则意味着成交量出现了萎缩。均量线可以根据成交量的大小变化而不断地变化，因此，将它作为参照物是非常合适的。

下面结合棕榈 2009 合约案例进行说明，如图 3-5 所示。

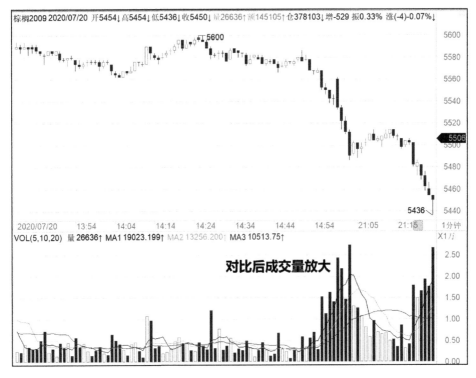

图 3-5

在棕榈 2009 合约 2020 年 7 月 20 日 1 分钟 K 线走势图中，价格在图中左侧区间波动时，成交量保持着较为萎缩的状态，当投资者不确定这种状态是不是缩量的时候，也可以借助均量线进行分析。如果长周期均量线始终保持着水平的状态，短周期均量线不上也不下，就可以确定当前的量能在萎缩。或者将当前的量能与历史时期较小的量能进行对比，这样也可以轻易地知道当前成交量是不是萎缩的。

由于图 3-5 左侧区间成交量较小，在后期价格下跌出现放量时就非常容易识别了。在价格进一步下跌的时候，成交量是之前平均量能的好几倍，这样的量能就是放量了，放量说明此时资金介入的积极性非常高，价格的波动幅度必然会很大。

在放量过后价格反弹，在价格反弹区间成交量连续萎缩，此时的萎缩是将反弹时的量能跟下跌时的量能进行的比较，但若与之前的平均量能进行对比，反弹区间的量能其实还并未完全缩到非常小的状态。在缩量之后价格再次下跌，而成交量柱体又再次变长，缩量、放量、再度缩量，之后又一次放量，经过对比，便可以轻易地做出判断了。

下面结合白银 2012 合约案例进行说明，如图 3-6 所示。

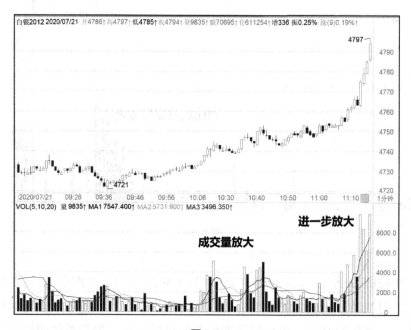

图 3-6

在白银 2012 合约 2020 年 7 月 21 日 1 分钟 K 线走势图中，价格出现了一轮长时间震荡上涨的走势，在上涨的最初期可以看到，成交量并没有出现放大，成交量柱体大多位于均量线下方。请记住这个形态，只要成交量柱体位于均量线下方，就意味着缩量的出现。

　　随着价格波动重心的不断上移，上升的趋势越来越明显，因此也吸引了更多资金入场操作的兴趣，从而成交量开始放大，此时的放量可以与之前的缩量做对比：放量时的成交量柱体高于缩量时的成交量柱体好几倍，并且放量时的柱体全都位于均量线的上方。

　　成交量柱体大部分位于均量线下方就是缩量，成交量柱体大部分位于均量线上方就是放量，这种判断放量与缩量的方式，对于大多数投资者来说是最简单有效的。

　　下面结合螺纹2010合约案例进行说明，如图3-7所示。

图3-7

　　在螺纹2010合约2020年7月21日1分钟K线走势图中，在价格不断上涨时，成交量出现了巨幅放大的状态，量能越大说明入场的资金越多，与之对应的是，当前价格的波动幅度也会越来越大，投资者一定要把握好在放量区间的盈利机会。

在巨量出现之后出现了行情调整，同时成交量出现萎缩。量能萎缩的信号是成交量柱体明显变短了，且成交量柱体位于均量线下方。一旦成交量柱体缩短为放量柱体的二分之一以下，便可以确定缩量出现了。

在放量的时候，价格的波动幅度将会变大，投资者可以积极地寻找入场做多的机会。一旦缩量，价格的波动幅度就会减小，此时应当注意风险，同时，也可以留意介入点信号的出现以把握下一次放量带来的新的盈利机会。在放量之后必会缩量，而缩量之后也必会再度放量，只是什么时候再次缩量与放量是无法提前判断的，但放量与缩量交替出现的规律是不变的。

下面结合豆一 2009 合约案例进行说明，如图 3-8 所示。

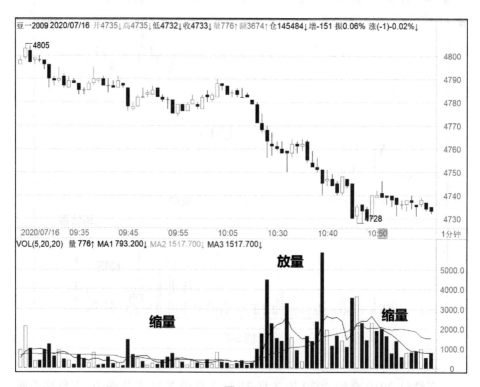

图 3-8

在豆一 2009 合约 2020 年 7 月 16 日 1 分钟 K 线走势图中，价格虽然一直保持着下跌的态势，但在初期下跌时的量能并不是很大，这说明价格波动的动力不足，任何品种在没有资金大力度参与的情况下，都不可能出现较大幅度的波动。

随着下跌的延续，趋势方向更加明确，越来越多的资金开始参与其中，使得成交量明显放大，此时成交量柱体是之前成交量柱体的数倍，并且成交量柱体全都位于均量线上方，带动了均量线上升的趋势，这些都是放量经典的技术特征。一旦成交量放大，价格的波动就必然会进入活跃期，这期间若投资者手中有持仓，一定要耐心持有，若手中没有持仓，就要留意在价格波动过程中出现的各种突破或者调整低点的介入机会。

缩量对应资金交易兴趣的降低和价格波动幅度的减小，而放量对应资金积极的交易态度和价格宽幅的波动。在放量区间进行交易和积极持仓，在缩量区间出场或者等待新的介入机会出现，根据成交量的放量与萎缩规律踏好市场的节奏，这是每个投资者都应当具备的基本操作能力。

3.3　完美量价的特点

完美量价形态出现后对实战操作有怎样的帮助呢？完美量价形态对投资者最主要的帮助有两点：一是提示投资者介入区间的到来，因为根据成交量的变化来判断，出现完美量价形态说明资金操作行动统一，趋势的延续性很好，若在涨跌的中途出现了缩量的反弹或调整，则是又一轮下跌或上涨到来前的暂时停顿，因此应当留意该区间的机会；二是可以对投资者的持仓起到帮助作用，在这一区间积极地进行持仓操作，若手中已有持仓，一旦见到完美量价形态出现，就可以耐心等待获得更高的收益。

完美量价形态有着怎样的技术特征呢？完美量价形态有两部分组成：一是成交量放大，资金入场。在价格上涨或下跌的过程中，成交量连续且温和地放大，此时的放量有时间的延续过程，放量延续的时间越长，对价格后期进一步涨跌的促进性作用就越好。放量说明有资金正在积极介入，并且这部分资金操作的主动性更强，同时引导了价格的波动方向。二是缩量。缩量说明之前入场的资金并未出场，而是继续留在场中，明知价格后期将会继续下跌或上涨，谁会提前出场呢？

一旦形成放量上涨或下跌而后缩量调整或反弹的态势，就意味着完美量能形态的出现。完美量能的出现会导致价格也形成简单的完美形态，因此，将这两种形态统称为完美量价形态。

下面结合黄金 2012 合约案例进行说明，如图 3-9 所示。

图 3-9

在黄金 2012 合约 2020 年 7 月 21 日 1 分钟 K 线走势图中，价格在底部震荡的过程中，成交量的形态没有任何规律性，而随着价格上涨且不断延续，量价形态终于变得完美，在放量与缩量的推动下，价格也不断快速向上行进。

在价格上涨过程中，成交量明显连续放大，这说明资金入场的积极性很高，资金的入场推动了价格的上涨，价格的上涨又吸引了更多的资金介入，而更多的资金介入又进一步推升了价格……从而形成良性循环。

任何上涨行情都不可能一直放量，总会有缩量的出现。放量说明资金入场，也可能是资金出场，所以，只有放量后出现的缩量才可以看出资金有没有走。在放量之后价格出现调整，在价格调整时成交量急剧萎缩，这说明有大量的资金沉淀在场中，没有离场。如果此时投资者手中是空仓状态，则一定要在无量区间积极寻找操作的机会；如果此时手中有持仓，则要在完美量能形态出现时坚定持仓。

下面结合菜油 2009 合约案例进行说明，如图 3-10 所示。

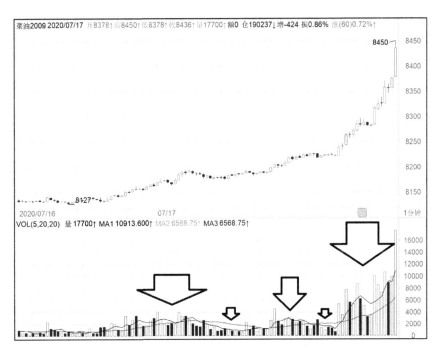

图 3-10

在菜油 2009 合约 2020 年 7 月 17 日 1 分钟 K 线走势图中，价格出现第一波上涨走势时，成交量始终保持着放大的状态，由于价格刚刚起涨，成交量的放大比较温和，温和地放量又会促使价格温和地上涨，因此，这一区间没有大幅度的上涨走势。

在第一波价格上涨结束之后，成交量明显萎缩，这说明之前入场的资金并未大规模离场，做多的资金不离场，在缩量时做空的资金也没有大举杀入，因此，价格后期继续上涨的概率将会是极大的。在第二波上涨时，成交量依然保持温和放大的状态，量能放大说明一直有资金入场，在上涨后又有第二次明显的缩量，说明这个区间依然应当继续持仓或寻找机会介入。

当第三波上涨行情出现时，主升浪来了，这一时期成交量进一步放大，量能放大说明入场的资金数量更多，价格得到了更多资金的推动，上涨速度必然会明显加快。成交量急剧放大，价格的涨幅也必然会加大，这是获得收益的大好时机。

下面结合棕榈2009合约案例进行说明，如图3-11所示。

图 3-11

在棕榈 2009 合约 2020 年 7 月 20 日 1 分钟 K 线走势图中，在价格下跌时成交量放大，这说明资金入场的积极性非常高，在放量的推动下，价格很快便出现了较大的跌幅，此时还可以继续持仓或者中途入场吗？

要回答这个问题，一定要从反弹时的成交量形态进行分析。放量的情况可能是资金入场，也可能是资金出场，只有价格上涨后出现缩量，才可以真实地看出资金的意图，只凭放量是无法做出准确判断的。在价格反弹的时候，成交量持续保持着萎缩的状态，这首先说明多方资金没有兴趣入场做多，价格不可能上涨。其次，缩量说明空方资金没有离开，依然留在场中，价格后续依然会下跌。

经过对成交量的分析便可以确定当前的放量下跌及缩量反弹就是完美量能形态，在此情况下，价格继续下跌的概率很大，因此，可以继续持仓或者择机入场做空。在缩量之后，价格便又形成了一波放量下跌行情，实际的走势验证了完美量能形态下价格继续下跌的可靠性。

下面继续结合 PP2009 合约案例进行说明，如图 3-12 所示。

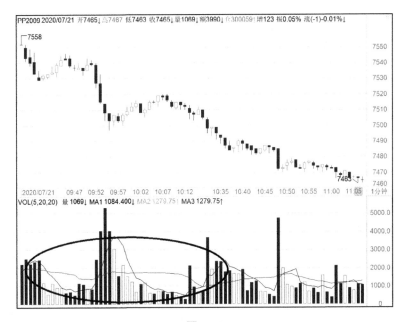

图 3-12

在 PP2009 合约 2020 年 7 月 21 日 1 分钟 K 线走势图中，价格出现了好几波下跌的走势，其为何可以如此完美地延续下跌走势呢？这与成交量的完美配合密不可分。

在价格下跌的过程中，成交量始终保持着放大的状态，这说明资金一直在场中保持着高度的做空热情，资金持续不断地入场做空，价格自然会不断下跌。有投资者可能会问：在放量时也有多方的开仓，为何要视为是空方资金入场呢？的确是这样，成交量是由多方与空方共同构成的，有多少空方入场就有多少多方入场，多空在数量上是完全对等的，但数量的对等并不等于主动性对等，价格下跌说明空方的行为更加主动，更具有主导性，所以，应当将资金的性质视为是空方资金。

在放量下跌之后的每一次价格反弹时，成交量都保持着持续萎缩的状态，这说明资金只入不出，在这种情况下，价格便只能一步步地向下跌。当发现量价形成完美配合状态的时候，一定要耐心持仓，千万不要轻易出场。同时，还应当不断地寻找机会入场进行做空操作。在完美量能的配合下，价格的波动往往蕴含着很多交易机会，千万不能轻易错过。

完美量价形态只适合在短周期 K 线上使用，周期越短越有效，对于 30 分钟 K 线以上周期的走势就完全没必要去研究完美量价形态了，这一点与股票有很大的不同。完美量价形态只适合指导期货的日内投机操作，而不适合指导趋势性交易。

3.4　异常量价的特点

成交量形成完美的形态会对价格的上涨起到促进的作用，量能形态越完美，价格波动的规律性就越强，越容易被投资者捕捉到交易的机会，这也是尽量在量价完美形态出现时进行期货交易的主要原因。

既然有完美的量能形态，就必然有异常的量能形态。完美的量能形态提供盈利好机会，但当异常量能形态出现时，价格的波动形态就可能走坏，比如，之前是上涨走势的就可能转为下跌走势，之前是下跌行情的就可能转为上涨行情，从而带来风险。

完美量能形态的表现是：在价格上涨或下跌时成交量放大，这说明有主动性的资金介入，放量涨跌是完美量能的第一步；第二步就是在上涨之后的调整或者下跌之后的反弹过程中，成交量出现萎缩，说明完美量价的第一回合形成了，至此，价格按之前的方向继续上涨或下跌的可能性非常大，为投资者提供了顺势交易的大好机会。

在异常量价形态中，价格上涨或下跌时，不仅没有放量的出现，还会出现缩量涨跌，这说明资金在此区间交易的积极性降低。在这种情况下，价格的涨跌也就失去了延续性的动力。行情调整本来应当缩量，限制资金的外流，但在异常量价形态中，行情调整却是放量的，这说明之前做多的资金大举撤退或者有空方资金大举杀入，而无论是哪一种情况，都必然会对价格后期的上涨或下跌起到阻止的作用。

可见，在异常量价形态中，资金的流向是混乱的，而混乱的资金流量根本不会使价格流畅地波动，更不会形成规律性波动的走势，因此，投资者应当注意在该区间规避风险。

下面结合苯乙烯 2101 合约案例进行说明，如图 3-13 所示。

在苯乙烯 2101 合约 2020 年 11 月 16 日 1 分钟 K 线走势图中，价格在上涨的时候，成交量给予了高度的配合，价格只要一上涨，成交量就会放大，这说明资金做多的积极性非常高，而一旦价格回落调整，成交量就会出现明显的萎缩，这说明资金并没有离场，而是始终留在场中做多，这是价格持续上涨的内在原因。

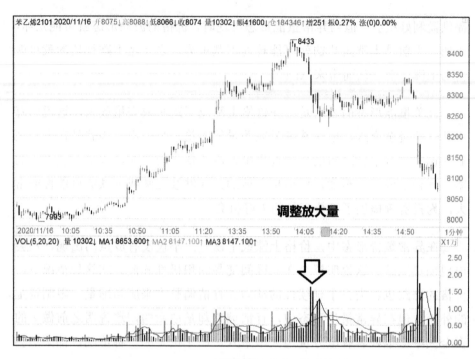

图 3-13

　　只要完美的量能形态一直保持，价格的上涨就不会停止。但是，随着最后一波行情上涨之后，量价的配合出现了问题。在调整的初期，成交量依然处于萎缩的状态，此时的完美量价形态并没有被破坏掉。但随着调整的持续进行，成交量突然放大，并且创出了图 3-13 中的最大量，此时的量能该如何解读呢？要么是多方资金大规模撤退，要么是空方资金大规模杀入，或者两种力量均有。不管是哪种性质的资金动向，都会对价格的上涨不利。

　　一旦出现放量调整，就会破坏完美量价的形态，在资金交易混乱的情况下，价格就不可能延续之前的方向继续前进。

　　下面结合塑料 2101 合约案例进行说明，如图 3-14 所示。

图 3-14

在塑料 2101 合约 2020 年 11 月 19 日 3 分钟 K 线走势图中，价格第一轮上涨时量价关系非常理想，上涨过程中成交量不断放大，这说明资金入场积极性较高，资金越是积极入场做多，价格越是迅猛地上涨，这是一种量价良性循环的配合，在这种波动情况下，非常容易给投资者带来较大的盈利。

价格上涨到了高点开始调整，在调整初期量价配合也不错，阴线的成交量出现了萎缩，这说明多头资金并未离场，空头资金也未入场，因此，价格还有继续上涨的机会。但随着调整的延续，阴线的成交量开始放大，之前的缩量调整变成了放量调整，至此，完美的量价配合遭到了破坏，本应看涨后市的结论需要推翻。

虽然后续又出现了第二轮的上涨行情，但在调整的时候，阴线的量能依然保持着放大的状态，这种量能形态依然是异常量能。不管价格处于什么位置，只要形成放量的调整行情，上升趋势就将很难延续。所以，只要见到放量的调整行情，就应该及时将手中的多单平仓出局。

下面继续结合橡胶 2101 合约案例进行说明，如图 3-15 所示。

图 3-15

在橡胶 2101 合约 2020 年 11 月 13 日 1 分钟 K 线走势图中，价格出现了连续震荡下跌的走势，在下跌过程中，阴线都伴随着放量现象的出现，这说明资金做空的态度非常积极，只要资金愿意在场中不断地做空，价格就可以持续地下跌。

在下跌过程中有各种各样的反弹出现，虽然位置与反弹的幅度各不相同，但这些反弹都有着高度相近的技术特征：成交量都保持着萎缩的状态，这说明在反弹的过程中，空方资金并没有离场，同时，多方的资金也没有大量入场，资金的交易性质依然以空方为主。既然空方资金控制着盘面，那么，价格继续下跌就十分正常了。

价格下跌到底部后再次反弹，但此时的反弹却有了大问题，成交量突然放大并且创下了下跌以来的最大量，显然，这样的量能要么是空方资金大举撤退，要么是多方资金抄底杀入场中，不管哪种情况都会对价格上涨产生促进作用。在价格上涨的初期因为趋势并未改变，因此，可以将上涨的性质确定为反弹，而反弹放量说明出现异常量能，下跌的走势将会难以为继。一旦出现放量反弹，一定要及时将手中的空单平仓出局，否则，随着放量反弹价格的大涨，利润就会大幅回吐。

下面继续结合玉米 2101 合约案例进行说明，如图 3-16 所示。

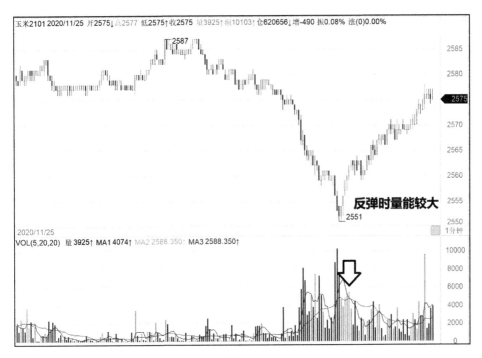

图 3-16

在玉米 2101 合约 2020 年 11 月 25 日 1 分钟 K 线走势图中，价格下跌的初期阶段虽然成交量并没有密集地放大，但仍然保持着下跌放量、反弹无量的状态，这说明资金的交易态度对做空更加积极。在期货市场中，哪一方的资金交易更加积极主动，价格的运行方向就会向哪个方向行进。

在下跌的中后期，随着趋势的进一步明确，大量资金纷纷入场，成交量急剧放大的同时价格也出现了加速下跌的现象，量价形态非常好。在放量下跌之后肯定会出现反弹，此时一定要正确面对反弹的出现，好的反弹形态会使得价格更好地下跌。那么，好的反弹形态是怎样的呢？一是反弹幅度较小，若反弹幅度较大显示出多方力量较强就不好了。二是在反弹时成交量必须萎缩，反弹缩量说明此时价格的上涨没有得到资金的支持，没有资金推动的价格的上涨是不可能持久的。出现这样的反弹，说明价格还会继续下跌。

但图中玉米的价格在下跌之后形成了放量反弹的走势，价格上涨的幅度较大，并且上涨的速度也很快，这是不好的现象。最重要的是在价格反弹的过程中，成交量还出现了放大的迹象，本该缩量的反弹却变成了放量反弹，价格又怎么可能会继续下跌呢？

当完美量价形态出现时，价格会延续之前的方向继续上涨或下跌。一旦形成异常量能形态，就说明资金的交易出现了混乱，这会导致价格运行方向的混乱，之前的运行趋势就不会延续。要么停止之前方向的波动，要么彻底转变方向，这对于持仓来说具有风险性，必须离场。

3.5 衰竭量能

衰竭量能也是一种异常量能形态，但这种异常的量能形态往往有它出现的固定环境。一旦衰竭量能出现，就说明上涨或者下跌行情终止了。衰竭量能的意思是价格下跌或上涨的时候成交量不断减少，愿意入场的资金数量不断减少，这说明资金对当前位置继续做多或做空的兴趣在降低，因此，价格就会失去持续上涨或下跌的动力。在这个区间内应当减仓或者清仓，并重新等待新机会的到来。

一般在价格出现了连续好几波下跌行情或者上涨行情之后出现衰竭量能。如果价格没有连续的上涨或下跌，没有透支当天行情的空间，那么暂时的缩量并不能说明问题，只有透支了行情空间之后再结合成交量的萎缩，才可以判断出价格可能下跌或上涨的终止区间。

衰竭量能直接体现了资金交易的惰性，资金不愿意活跃交易的区间，价格又怎么可能会有更强劲的表现呢？所以，一旦出现几波下跌或上涨行情之后见到衰竭量能，就要平仓掉盈利的单子，去寻找其他有量的品种进行交易，而不要和高位的无量波动品种做朋友。

下面结合黄金 2012 合约案例进行说明，如图 3-17 所示。

图 3-17

在黄金 2012 合约 2020 年 11 月 24 日 1 分钟 K 线走势图中，在下跌的初期阶段，成交量保持着连续放大的状态，受资金积极入场做空的推动，价格形成了大幅下跌的走势。在跌幅不大，成交量刚刚形成放量的状态下，衰竭量能是不可能出现的，在这种情况下应当顺势进行做空的操作。

在一大波下跌行情过后，价格继续保持着震荡下跌的走势，在经过至少两三波的下跌之后，有必要去判断是否出现了衰竭量能。但若过早地进行行情判断就会影响到顺势交易的获利效果，这一点一定要牢记。先看价格位置，再看下跌了几波行情，然后用衰竭量能的方式判断是否有必要进行平仓操作。

在图 3-17 中，在一大波下跌行情后，又出现了两小波下跌行情，成交量逐渐萎缩，价格位置满足了要求，下跌的波数也够了，连续几波的下跌完全可以耗费掉空方大量的动能。而最重要的成交量的萎缩现象也出现了，这说明在当前的位置，资金做空的积极性不高，价格很难再出现好的下跌行情，因此，应当及时将手中的空单在量能衰竭期间平仓。

下面结合螺纹 2101 合约案例进行说明，如图 3-18 所示。

图 3-18

在螺纹 2101 合约 2020 年 11 月 23 日 1 分钟 K 线走势图中，开盘之后便出现了一大波下跌的行情，在下跌过程中，成交量连续放大，这说明资金做空的积极性非常高。在量能活跃期间一定要想办法使用各种操盘方法介入其中，只要量能没有萎缩，下跌就不会停止。

在第一波放量下跌行情之后，第二波下跌行情出现时，成交量形成了萎缩的态势，在资金做空积极性大幅降低的情况下，价格的跌幅也明显减小，可见，在短周期 K 线图中，量能的放大与否将会直接影响价格是否出现好的下跌形态。

在剧烈的放量下跌过后，价格陷入沉闷的波动状态中，不管价格如何下跌，成交量都没有再继续放大，资金做空积极性非常低。价格处于低位并且下跌好几波，成交量又在价格下跌时保持着萎缩的状态，一旦这些技术特征出现，手中的空单就有必要离场了。价格并不一定会转为上涨，但未来什么时候会下跌也不得而知，与其在一个没有放量的品种上交易，不如去寻找那些形成放量的品种，哪里有量哪里就有机会。

下面结合 IH2012 合约案例进行说明，如图 3-19 所示。

图 3-19

在 IH2012 合约 2020 年 11 月 23 日 1 分钟 K 线走势图中，价格开盘后便出现了连续震荡上涨的走势，在初期上涨的过程中，成交量比较温和。随着一轮主升浪的到来，成交量也开始了集中放大，此时，资金不断入场推动阳线连续出现，吸引了资金的不断介入，形成了完美量价循环。

在主升浪过后形成完美的量价形态，这预示着还有更高的高点将会出现。当最后一波上涨行情出现时，一连串阳线仍在不断出现，但是幅度开始明显减小，成交量也在最后一波上涨时明显萎缩，这样的波动改变了之前强劲上涨的波动性质，此时应当多加小心了。

价格处于高位，并且已经有了好几波的上涨，而后成交量又出现萎缩，这些技术特征全都符合衰竭量能的技术特征，因此多单不能再留。并不是说衰竭量能出现价格就一定会下跌，只是在它出现之后价格将很难在短时间内重新上涨，此时继续拿着多单并不划算。

下面结合燃油 2101 合约案例进行说明，如图 3-20 所示。

图 3-20

在燃油 2101 合约 2020 年 11 月 25 日 1 分钟 K 线走势图中，成交量的变化都比较活跃，这样的形式对于操作有着很大的好处，量能越大，价格的波动幅度就越大，越容易带来更高的收益。

在主升浪期间，量价配合非常完美，但随后的调整却不太好。在上涨时放量是应当的，但在调整时应当缩量，却形成了放量的走势，这就破坏了整体形态的完美度。随后虽然价格仍然震荡上涨，但阳线的成交量却无法再集中放大，并且每当出现调整行情时，阴线都会放量，量能始终有一些混乱。

在经过几波的上涨后，价格到达了高位区间，这个时候阳线的成交量反而不如阴线的量能大，并且在最后一波上涨行情出现的时候，阳线的量能进一步萎缩了。价格处于高位，且已经有了好几波上涨，再加上阳线缩量、阴线放量，所以为了安全起见，还是将手中的多单平仓，出局为宜，不对量能不稳定的品种进行操作。

衰竭量能是一种辅助分析方式，有的时候价格虽然下跌了几波，但依然会不断地放量，在这种情况下不必平仓，只要有量，价格就可以一直延续当前的趋势。而一旦价格下跌了好几波，且成交量有萎缩，就有必要平仓出局。量能的大小虽然并不能起到决定性的作用，但可以提高分析的精准度。

3.6　是量重要还是价重要

在股票的分析中，量价分析是不分家的，任何时候都要对量价形态进行分析。而在期货分析中，量价形态的分析只能在短周期上进行，超过 15 分钟 K 线的周期，量能的分析意义就不大了。因为在长周期 K 线图中，成交量柱体都差不多，没有任何规律性可言。当然，股票的量价分析只能用于上升趋势中，对于下降趋势没有太大作用，有量可以跌得很猛，无量也照样可以跌得很快。而期货则是上涨与下跌都可以用相同的量价分析方法。

许多投资者会好奇，到底是成交量重要，还是价格的变化重要？在这里要注意一个顺序，价格的技术形态永远是最重要的，除此之外的任何方法都只是起到辅助性的作用，并不能起到根本性的决定作用，这一点一定要注意。这也就意味着，价比量重要。

有成交量的配合，价格可能会走得更顺畅或者拐点会非常标准；没有量能的配合，价格该涨还是会涨，该跌还是会跌的。而且成交量的分析更多时候用于正在上涨或正在下跌的过程，它对于持仓有很大帮助，但对于开仓则意义不大。一个好的介入点有因为放量成功形成的，也有因为无量成功形成的，还有因为放量失败形成的，甚至有因为无量失败形成的。所以，当介入点形成时，企图用成交量去佐证是没有太大意义的。

下面结合沪铝 2012 合约案例进行说明，如图 3-21 所示。

在沪铝 2012 合约 2020 年 4 月至 11 月日 K 线走势图中，在进入 9 月之后成交量才开始逐渐变大，这是因为资金进行了换季交易，从老主力合约上撤离，来到了新主力合约上进行操作。

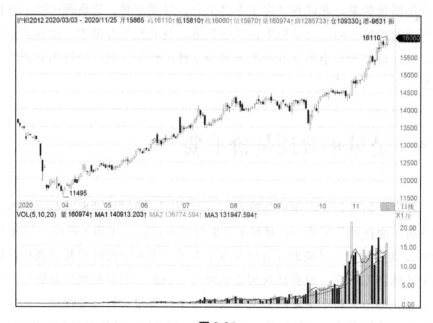

图 3-21

在资金没有换季的时候，成交量很小，因为做长线投资或者产业套利保值的资金比较多，投机性的资金很少。在资金进入新的主力合约之后，成交量则持续着放大的态势，但这种放大是没有任何规律的，每天的量能都差不多，不像短周期有明显放量、缩量的规律。

由此可见，在期货品种的日线上对成交量进行分析没有什么作用。这一点与股票有很大区别，所以，如果进行期货的日线交易只关注 K 线的技术形态就可以了，至于成交量的变化则可以忽略。

下面结合螺纹 2101 合约案例进行说明，如图 3-22 所示。

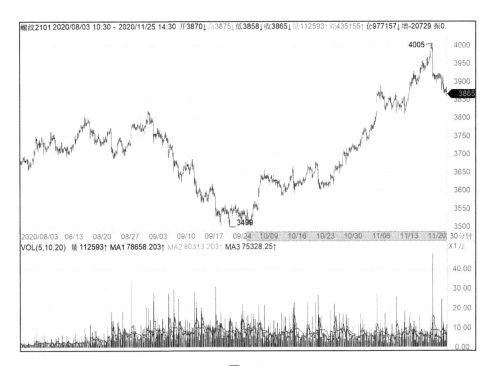

图 3-22

在螺纹 2101 合约 2020 年 8 月至 11 月 30 分钟 K 线走势图中，价格先后形成了震荡、下跌与上涨的走势。从 30 分钟 K 线来看，价格的变化始终有着很多常见的技术形态，介入点都可以根据 K 线形态轻松地确定下来，这就说明介入点在哪里其实是由价格决定的。

从成交量的变化可以看到，量能忽大忽小，虽然有放大也有萎缩，但并不持续，除了显得非常杂乱之外，成交量柱体没有任何规律性，长周期量能的形态也给不了什么有价值的提示信息。

由此可见，不管是日线还是 30 分钟 K 线，投资者在操作时都只需要关注价格的变化就可以了，至于量能是什么样子的不必浪费精力去研究。

下面结合沥青 2012 合约案例进行说明，如图 3-23 所示。

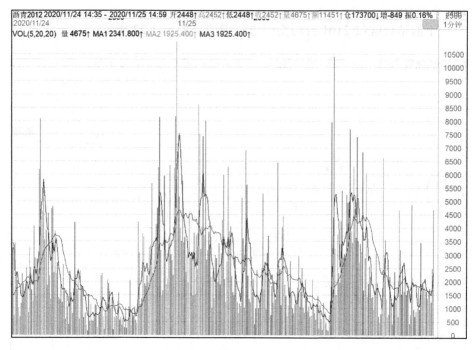

图 3-23

在沥青 2012 合约 2020 年 11 月 25 日 1 分钟成交量形态图中，看不到价格的具体走势，在只看成交量变化的情况下，具体介入点在哪里并不能精确地确定。

只看量能仅能得出这样的分析结论：在成交量放大区间，价格的波动幅度比较大，应当持仓；而缩量期间的价格有可能在调整或者反弹，该区间应当存在介入点。除了可以得出这样基本的信息外，很难再通过量能得出其他的信息了。

如果再把成交量的阳线/阴线与 K 线的阳线/阴线的关系取消，成交量柱体统一用一种颜色来表示，那么价格到底是涨还是跌也无法做出判断了。所以，量能虽然比较重要，但也只是起到辅助作用，并不能起到决定性的作用。

下面继续结合沥青 2012 合约案例进行说明，如图 3-24 所示。

图 3-24

在沥青 2012 合约 2020 年 11 月 25 日 1 分钟 K 线走势图中，如果把 K 线放上去，该怎么操作是不是一下就清晰了许多呢？价格下跌之后，在起涨放量的区间应当介入，在价格高位成交量出现萎缩区间应当平仓多单；

而在价格持续上涨且放量的过程中，应当持有多单。所有的交易细节因为有了 K 线的数据都可以清晰地确定下来。

如果我们把视角只放在 K 线图中，而忽略成交量，这又跟日线的操作方式一样，其实并不受什么影响。在价格上涨时看到成交量放大，就继续持有多单，以获得更高的收益。当价格上涨到高位，虽然可以通过顶背离等技术形态做出同样的判断，但如果同步结合成交量的萎缩进行分析，心中也就更有底了。

在可以看成交量的时候，看一看成交量的变化有助于提高分析的精度；但在不适合看成交量的时候，只根据 K 线形态进行分析也并不会有太大的差异。辅助性交易方法的存在可以提高分析的质量，但交易效果的根本依然是技术形态，对这一点要有正确的认识。

第 4 章

4

日内价格波动的核心：调整与反弹决策技巧

是价格的上涨和下跌重要，还是价格的调整与反弹重要呢？经验少的投资者肯定会认为价格的上涨和下跌更重要。笔者认为更重要的是价格的调整与反弹，这才是价格波动的核心。价格的上涨与下跌本身只能体现当前一波行情的状况，不能预判未来的波动，也就是说只能做到"知己"。而价格的调整与反弹则可以帮助投资者确认之前涨跌幅度情况，预判未来的波动，这是价格的上涨与下跌本身无法实现的，即价格的调整与反弹可以做到"知彼"。

通过调整与反弹的形态，可以判断出未来有可能的波动情况，也可以帮助投资者提前制订正确的交易计划。同时，在实际操作时，基于价格的上涨与下跌，除了追涨或者追跌之外，没什么好的方法，但在价格出现调整与反弹后，却可以给投资者带来调整低点做多或者反弹高点做空的机会。

因此，想要获得更多的盈利，必须熟练掌握识别价格调整与反弹的技巧。

4.1 调整与反弹的实战重要性

价格的多方与空方就像围棋中的黑方与白方一样，黑方行一步棋，白方行一步棋，而不是一方一直走不停。价格的波动也是如此，上涨完就必然要下跌，跌完就必然要上涨，一多一空是交替出现的。只不过有些品种的上涨幅度大一些、持续时间更久一些，有些品种的下跌幅度小一些、持续时间短一些而已，但一多一空交替出现却是铁定的规律。知道了这个规律也就知道了交易的基本思路：在上涨之后留意做空的机会，在下跌之后留意做多的机会，这就是所谓的把握节奏。

在多空交替过程中，如果上涨幅度大、持续时间长，而后的下跌幅度小、持续时间短，那么下跌就演变成了上涨之后的调整走势，小幅度的下跌说明空方力量非常弱，在上涨之后根本无法与多方相抗衡，因此价格跌不下来。既然空方无力，那么，多方的力量就强大，"空弱则多强，空强则多弱"，多空的力量呈现这样的对比状况。

从调整的幅度可以推导出多空双方力量的对比，谁的力量大，在后期价格就将会向哪个方向继续运行，那么，如果在上涨后出现小幅度的下跌是不是好的波动现象呢？

如果在价格上涨后，下跌力度大，则说明空方力量强大，那么此时还可以继续做多吗？显然是不行的，因为空强则多弱，就算价格后面铁定要涨，但在空方力量强大的情况下，多方一般不会涨很多，也不会持久。所以，在上涨后一旦出现价格大幅度的下跌，就要放弃后面的做多机会了。

下面结合螺纹 2105 合约案例进行说明，如图 4-1 所示。

在螺纹 2105 合约 2020 年 12 月 18 日 1 分钟 K 线走势图中，价格出现了连续上涨的走势。

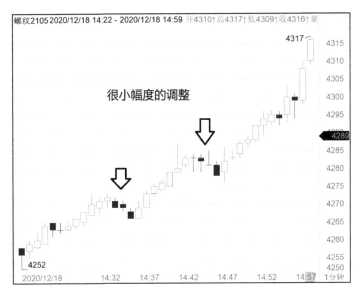

图 4-1

在连续拉出阳线后，价格出现了下跌，观察下跌的走势可以看出：跌幅都很小，并且持续的时间都比较短。这样的下跌形态说明空方的力量很虚弱，空弱则多强，因此，价格的波动被多方控制着，在小力度的下跌出现之后便可以做出判断：价格后期继续上涨的可能性是比较高的，手中的多单可以继续持仓，没有持仓的也可以在下跌时找机会入场做多。

价格的波动形态是下跌，但从波动性质来看，它是上涨之后的小幅度下跌，小幅度的下跌并没有影响上涨的趋势，因此定义为上涨后的调整。这种调整是健康的走势，它明确体现出了多空双方力量上的差异，也正是这种较大的力度强弱差异使得投资者可以轻松地预判出未来的波动方式。

下面结合 PVC2105 合约案例进行说明，如图 4-2 所示。

在 PVC2105 合约 2020 年 12 月 15 日 1 分钟 K 线走势图中，价格出现了一波迅猛的上涨行情，一出现这样的走势，许多投资者就喜欢追高操作，钱没怎么赚到，还买到高点区间被套了。如果在上涨前没有介入，也千万别急，因为涨得再猛最后也得下跌，在下跌时介入就可以了。

图 4-2

在价格快速上涨后又快速下跌的行情，追高介入的投资者心里会十分害怕，因为价格快速下跌，跌幅太大，这样的形态说明空方虽然不能完全与多方抗衡，但也有不弱的实力，未来怎么走还真不太好判断。

只有一边倒的行情才好预判未来的波动。一边倒行情的特点是下跌的幅度很小，多方占明显优势，而类似图 4-2 中 PVC 的走势形态，多方很强，但空方也不弱，这样的形态增加了预判未来走势的难度，因此，不宜直接在下跌的低点入场，而应当静观其变，在可以明确判断出一边倒的多空双方力度时再操作。

下面结合黄金 2102 合约案例进行说明，如图 4-3 所示。

在黄金 2102 合约 2020 年 12 月 17 日 1 分钟 K 线走势图中，价格出现了一波快速的下跌。有了上述的经验，当面对这种快速下跌情况时就不用着急了，因为价格肯定是会再上涨的，如果形成不破坏下跌趋势的反弹性质的上涨，就可以入场操作了。在见到了"一空"之后，一定要耐心等到"一多"后再操作。

图 4-3

在价格快速下跌之后出现大幅度上涨的局面，并直接吃掉了下跌行情的全部空间，显然是多方力量更大，那此时还能做空吗？答案肯定是不能了。做空绝对不能在多方力量强的时候进行，学会了正确的思路，就不会再吃大亏了。

那么，当价格大幅上涨之后没法做空时又该如何操作呢？涨了就必然会下跌，等下跌出现时再找机会就可以了。上涨中途出现了调整性质的下跌，回落幅度小、时间短，就可以入场捕捉到后续上涨的盈利空间了。

经过一波整体上涨之后，价格又形成了调整走势，此时的调整形态该如何分析呢？对比上涨与下跌的幅度可以看到，下跌的幅度很小，这说明空方力量很弱，空弱则多强，因此后市应当继续看涨才对。

下面结合白银 2102 合约案例进行说明，如图 4-4 所示。

在白银 2102 合约 2020 年 12 月 16 日 1 分钟 K 线走势图中，一大波上涨行情结束后，价格出现了下跌的走势，此时下跌的幅度正好介于较大和较小之间。这样的调整幅度就比较尴尬了，对于不好把握的走势，不要轻易操作，这是回避风险的最佳方式。

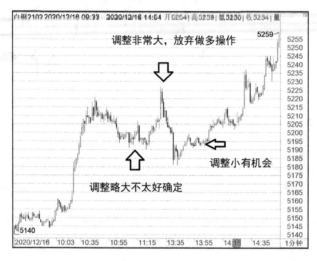

图 4-4

当下跌结束价格上涨并创出新高后，又出现了一波猛烈的"跳水"走势，显然，此时的下跌说明空方的力量大大超过了多方的力量，此时不宜进行做多操作，做多永远要在空方力量小的时候进行，就算是下跌后的抄底操作也必须要符合这项要求。

下跌之后价格开始上涨，第一波上涨的幅度相比下跌走势的幅度较小，因此，在第一波上涨的高点可以进行做空操作。但随后出现价格始终跌不下来的走势，就要意识到风险有可能到来了，该下跌却跌不动说明空方力量变小了。此时下跌的幅度相比上涨幅度的变化再次直观地体现了多空双方之间力量的转化。之前空方力量强，现在又变成了多方力量强，可见调整与反弹的出现是多么重要，有了它们的出现，未来的局势也就可以轻易地做出判断了。

上涨与下跌也是很重要的，因为它们促使了一轮行情的出现，但它们并不能预判未来的波动。通过对上涨或下跌之后的调整、反弹行情进行分析，就可以判断未来的行情，这对于是否能够开仓把握未来的波动将会有非常大的帮助。

4.2 健康的调整与反弹的幅度

调整与反弹左右着投资者是否可以继续持仓的判断，决定了投资者是否可以在价格上升途中介入，更指明了趋势是否可以延续，所以，我们说调整与反弹的重要性超过上涨或下跌本身一点也不为过。

健康的调整与反弹有着许多技术特征，在这些技术特征里最重要的就是调整与反弹的幅度。幅度代表了调整与反弹的力度，调整或反弹幅度小，说明价格后期继续涨跌的概率就大，因为它明确地告诉了投资者上涨多方力量大、下跌空方力量小，以及下跌空方力量大、上涨多方力量小的本质。上涨或下跌本身的力量大，说明调整与反弹的力量小，趋势的方向自然将会更好地延续下去。

那么，如何判断调整与反弹的合理幅度呢？有两个标准，一是调整时价格回落的幅度小于上涨波段的二分之一，这是及格线，反弹上涨则是最多涨到下跌波段的二分之一。如果调整回落的幅度小于上涨波段的三分之一，反弹上涨的幅度小于下跌幅度的三分之一，那么当前的趋势方向延续的概率是极大的。二是调整的低点必须得到技术上的支撑，不能跌破有效的支撑位，反弹的高点必须受到重要压力位的压力。如果价格的调整回落幅度是上涨波动幅度的三分之一左右，但调整跌破了重要的支撑位，这也不是好的调整与反弹形态。只有两者结合在一起的走势才可以对投资者的持仓、介入，以及判断未来行情的变化起到重要的作用。

下面结合苯乙烯 2102 合约案例进行说明，如图 4-5 所示。

图 4-5

在苯乙烯 2102 合约 2020 年 12 月 22 日 1 分钟 K 线走势图中，价格出现了一大波下跌行情之后，形成了规模较大的反弹。在大反弹出现之前也曾出现过多次小的反弹走势，这些小反弹都有一个共性：反弹的幅度基本上都是小波段下跌幅度的三分之一左右，这样小的反弹幅度说明多方力量很虚弱，因此，价格继续下跌的概率就必然会很大。

在大波段下跌到低点后，价格自然会出现反弹，对比反弹与下跌波段的幅度，此时的反弹幅度依然是下跌波段的三分之一左右，仅从幅度进行判断便可以得出结论：价格还具备继续下跌的能力。

此时的反弹整体形态相比下跌时有了许多变化，因此，分析结论也将会有所差别。在小幅度反弹时价格的反弹高点并没有向上突破布林线指标上轨，而大反弹则向上突破了布林线指标上轨，并且带动了布林线指标形成了上升的趋势，这就使得技术上空头形态有结束的迹象。因此，虽然反弹幅度并不高，但从实战风险的角度来讲，当布林线指标的空头技术形态失败之后，应当暂时出局。

下面继续结合棕榈 2105 合约案例进行说明，如图 4-6 所示。

图 4-6

在棕榈 2105 合约 2020 年 12 月 22 日 1 分钟 K 线走势图中，一开盘便出现了一轮价格连续下跌的走势，面对这样的情况，投资者千万不要心急，因为在下跌结束后，反弹是必然会出现的。

在持续下跌之后，价格出现了反弹，通过观察反弹的整体形态便可以得出价格将会继续下跌的结论。这其中的技术原因为：一是价格反弹时的幅度小于下跌波段的三分之一，这说明多方力量非常弱，空方力量强大，在这种情况下价格又怎么可能跌不下来呢？二是反弹的高点受到了布林线指标中轨线的压力，连上轨的压力都没有触及，指标产生压力的位置低则意味着多方力量虚弱，这将会增加价格下跌的可能性。

从反弹的走势判断出未来将会继续下跌，那么，就算错过了第一轮的下跌行情又有什么关系呢？后面的下跌行情肯定是跑不掉了。所以，掌握了从反弹幅度入手的分析方法，可以用来指导继续持仓，也可以在中途把握住机会，这都将会取得较好的收益。

下面继续结合铁矿 2105 合约案例进行说明，如图 4-7 所示。

图 4-7

在铁矿 2105 合约 2020 年 11 月 25 日 1 分钟 K 线走势图中，价格出现了一轮上涨的行情，从常规的走势来看，铁矿的成交量较大，盘中挂单较多，因此，在价格上涨时，非常顺滑的走势较为少见，大多数时间都是一小步一小步地往上走的，这是铁矿价格走势的一大特色。

在第一波上涨行情结束之后，价格出现了调整的走势，从调整幅度来看，价格回落低点的幅度小于上涨波段的三分之一，这说明空方的力量非常弱，价格跌不下去，那么自然会延续之前的上升趋势。在价格调整的时候，虽然低点跌破了布林线指标中轨线，没有获得中轨线最强大的支撑，但是林线指标下轨线却起到了支撑的作用，价格始终无法跌破下轨线；而在上升趋势中，中轨线能够形成支撑位最好，但最重要的支撑位还是下轨线。

若调整幅度小于上涨波段的三分之一，且下轨线的支撑未被跌破，则价格很容易延续之前的上涨行情，这其中多空双方力量角逐的内在原因由市场的走势解释得非常清楚，多方强大就顺应多方操作，获得收益自然是非常容易的事情了。

下面继续结合苯乙烯 2102 合约案例进行说明，如图 4-8 所示。

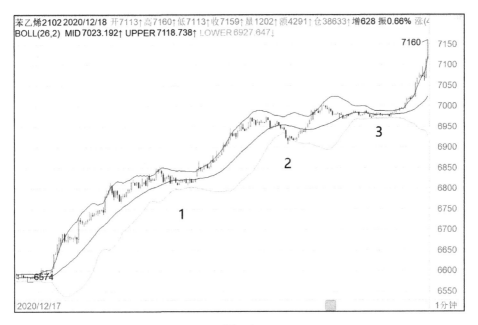

图 4-8

在苯乙烯 2102 合约 2020 年 12 月 17 日 1 分钟 K 线走势图中，价格出现了一轮持续大涨的行情。这种持续时间较长的上涨走势其实是非常好操作的，因为价格会在上涨途中给投资者留下多次介入的机会，这些介入机会主要体现在调整之中，只要在符合要求的调整形态出现时入场就会实现盈利。

在价格形成第一次大调整的时候，它的技术特征为：调整幅度小于上涨波段三分之一，价格回落的幅度越小说明多方力量越强大，价格自然可以更好地上涨，此时可以入场进行做多操作。同时，在价格调整时，若回落的低点还运行在布林线指标下轨线上方，则进一步说明多头形态完好，虽然价格已经有了一大波上涨，但这却是整个形态中第一个非常好的介入点。

当第二次调整出现时，回落的幅度虽然也在三分之一左右，但价格却跌破了布林线指标中轨线的支撑位，这就使得多头的技术形态遭到了破坏。当对调整形态进行分析时，看多头形态是否被破坏比回落幅度是否在三分之一以内更为重要。因此，当第二次调整出现的时候必须要放弃操作，此处不能视为中途的介入点。

当出现第二次调整时，价格回落的幅度在三分之一以内，同时，调整的低点也始终得到了布林线指标下轨线的支撑，因此这又是价格上涨途中的一次好的介入点。当有符合介入要求的技术走势出现时，千万不要因为价格已经涨了很多而不敢介入。出现符合要求的买点意味着价格可以继续上涨，那么这些点位自然就是上涨途中最佳的介入点。

在对调整形态进行分析时，上升趋势要先看布林线指标下轨线的支撑是否有效；下降趋势要先看上轨线的压力是否有效。在此前提下，调整幅度越小越好，这是最节省精力的分析顺序，调整幅度再小，若破坏了技术形态，也是不可操作的。

4.3　健康的调整与反弹时间

调整和反弹的时间是次要的辅助分析项，在实战操作过程中，主要用以判断入场的时机是否合适。如果入场晚了，最多就是错过机会，资金不会有任何损失；但如果入场早了，资金便要承受风险，若运气好，碰上好的价格形态则不会亏钱，但短时间内也不会有太多盈利，若运气差一些，碰到价格持续调整，则很可能会触及止损位。一旦止损后，价格再涨起来很可能就不会有重新入场的机会，从而使得操作陷入被动。所以，入场的时机宁可晚一些也不宜过早，当然，学习了本节的内容之后，掌握了正确分析的技术能力，则完全可以找到恰当的时机入场。

在调整幅度一致的前提下，调整的时间越短越好，因为它说明了价格上涨十分急切，多方根本不愿给空方太多的时间反抗。但这种"好"只是针对持仓者而言的，对于空仓等待介入机会的投资者来说就显得不怎么友好了，因为很短的调整时间往往不会给出好的多单介入形态，或者还没有反应过来价格就已经涨上去了。调整时间短的技术要点是：价格调整的时间远少于上涨的时间，这种情况出现往往意味着价格延续之前的波动方向，有持仓的投资者应当积极持仓，而没有持仓的投资者也基本上只能用突破的方法进行操作了，找价格低点介入的手法基本派不上用场。

有短时间调整就有长时间调整，长时间调整是指：调整所花费的时间远长于上涨波段所花费的时间。相比短时间调整，长时间调整更容易造成前后走势脱节，使技术形态变得复杂，增加操作的难度。

还有一种调整的周期称为等时间调整，它的技术特征是：调整所花费的时间与上涨所花费的时间基本一致。这种周期的调整较为多见，是一种很好的技术走势，在介入时机上容易让投资者提前做出判断。要坚定信念：没有形成等时间调整便不轻易入场操作，这样就不会出现过早入场的尴尬局面。同时，等时间调整也是价格调整过程中最常见的周期现象，出现的次数远比长时间调整多，也略多于短时间调整。

下面结合 PP2105 合约案例进行说明，如图 4-9 所示。

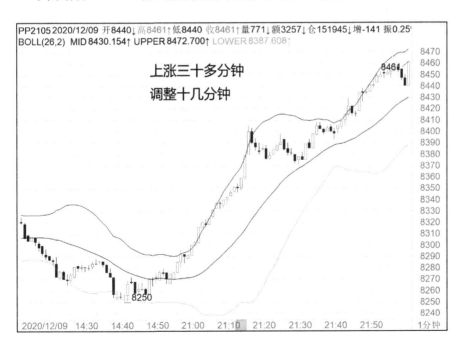

图 4-9

在 PP2105 合约 2020 年 12 月 9 日 1 分钟 K 线走势图中，价格在第一轮上涨行情之后便形成了调整的走势，从技术形态来看，调整的幅度非常小，这说明空方力量非常弱，这是价格将会继续上涨的信号。

除了看调整的幅度以外，还要看一下调整所花费的时间。从调整的周期来看，上涨大约花了 30 分钟左右，而调整只用了十几分钟，调整时间远比上涨的时间短，属于短时间调整的走势。结合较小的调整幅度来看，价格继续上涨的可能性非常高，因此手中有持仓的投资者可以继续大胆持有以获得更高的收益。

对于短时间调整的形态来说，价格回落的幅度往往也不会很大，否则调整的时间就不可能很短了，因此，留给投资者低点操作的机会并不多，面对这种走势，进行突破操作往往是唯一的选择。

下面结合焦炭 2105 合约案例进行说明，如图 4-10 所示。

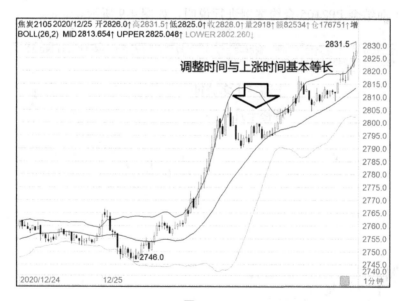

图 4-10

在焦炭 2105 合约 2020 年 12 月 25 日 1 分钟 K 线走势图中，价格在第一轮上涨行情结束之后出现调整，当调整走势出现时一定要对调整形态进行分析。这样做不仅可以判断是否继续持仓，还可以寻找中途加仓机会或新的介入点，从而为更好地把握后面的行情做准备。

当价格调整的时候，若回落的幅度很小，下跌的幅度小于上涨波段的三分之一，则说明空方的力量非常弱，根本无法与多方力量相抗衡，未来价格继续上涨的可能性很大。分析完调整幅度后还要再看调整的时间，将调整的时间与上涨的时间进行对比可以看到，两者所花费的时间基本一致，这是最好的技术形态，在周期一致的情况下，只要价格有介入点技术形态便可以马上入场操作。

调整时间与上涨时间一致是常见现象，它意味着价格得到了彻底的休息，只要调整低点得到重要支撑位的支撑，价格往往就会马上涨起。在价格刚开始调整的时间便可以做出预判：只要周期不一致就不轻易入场。

下面结合棉花 2105 合约案例进行说明，如图 4-11 所示。

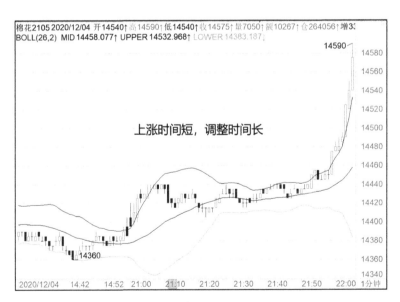

图 4-11

在棉花 2105 合约 2020 年 12 月 4 日 1 分钟 K 线走势图中，价格在一波上涨之后出现了调整的走势，在形成了等时间调整走势后，价格给出了一个非常漂亮的低点介入机会。这个位于中轨线下方和下轨线上方的买点出现后，虽然价格后期一直没有跌破该点位，但也没有形成连续的上涨走势，面对这样的调整形态又该如何分析呢？

因为调整的整体时间远远长于上涨的时间，所以这种调整称为长时间调整。在调整幅度一致的情况下，过长时间的调整容易增加分析的难度，使得价格的上涨时间无法估算。虽然时间不能预判，但并不是说无法进行操作，只要投资者紧盯止损位就可以顺利地熬过漫长的调整期。

调整时间长、幅度大是不好的现象，然而调整时间长、幅度小并不一定不好，因为这种形态往往不会打掉止损，持仓的信号并不会消失，只不过对于持仓的投资者来说，要煎熬一段时间。从历史经验来看，一旦形成长时间调整，其时间往往就是上涨波段的三倍左右。

下面继续结合豆粕 2105 合约案例进行说明，如图 4-12 所示。

图 4-12

在豆粕 2105 合约 2020 年 12 月 21 日 1 分钟 K 线走势图中，价格在上涨途中出现了多次调整的走势，即使出现调整走势，也没有改变价格的上升趋势，暂时的回落让多方得到了休息，更好地促使了上涨行情的延续。可见，正常健康的调整不仅不是风险，反而是上涨的促进剂。

从图 4-12 中可以看到，开盘后不久，价格形成了第一次调整，调整的时间与上涨时间相等。短时间上涨、短时间调整，周期相等、幅度约为开盘后上涨的三分之一，显然，这是价格将会继续上涨的信号。第二次调整的幅度也同样很小，调整时间与上涨时间再度形成相等的情况，而与之对应的是又形成一个价格低点。虽然这个低点在后期被跌破，但并不能否认第二次调整出现的低点是一次极好的介入机会。

下午，价格形成了多次调整的走势，每一次调整的时间都很短，这说明多方根本不想给空方太多的时间组织反击，调整时间不长、幅度较小，一次又一次向投资者发出价格将会继续上涨的信号，这时要抓住介入机会，继续持仓增加收益。

时间是一项不可忽视的参考因素。短时间调整无法帮助投资者预判行情，可利用它优化持仓行为，等时间调整经常出现且可以帮助投资者提前做出判断，因此，既可以利用它判断是否持仓，也可以利用它捕捉交易机会；长时间调整容易破坏掉形态，就算价格整体回落幅度不大，也是无法操作的，虽然有些长时间调整只要坚守止损位也可以产生盈利，但总体来讲，长时间调整并不受投资者欢迎。

4.4　健康的调整与反弹量能

期货交易中的成交量与股票的成交量有很大不同，股票市场的成交量分析方法可以适用于任何周期的 K 线图，而在期货市场中，结合成交量分析的 K 线图周期只适合分析 15 分钟以下的 K 线，周期越短，结合成交量进行分析的效果就越好，因为在长周期 K 线图中，任何商品期货的成交量都没有规律性，成交量柱体基本都是一样的，无法为投资者提供有价值的信息。

在短周期K线图中，健康的调整或反弹除了技术本身要符合要求之外，对量能同样有相应的要求。健康的调整或反弹的成交量要求比较简单：必须要形成缩量的形态，成交量在调整或反弹区间萎缩越明显，就越容易稳定地延续之前的波动方向。这其中的技术原理是：调整属于上涨后的反方向波动，当调整出现时，成交量萎缩说明没有资金愿意在此区间进行做空操作，同时，之前介入的多方资金也没有出局的迹象，空方不来、多方不走，价格会继续很好地延续之前的上涨行情。

当调整或反弹的技术形态满足要求后，再配合健康的成交量形态，那么分析的结论会更加准确。在进行长周期K线交易时，只注重K线形态就可以了，毕竟价格的变化反映了所有的信息要素，成交量虽然重要，但也没必要过分偏执于它。

下面结合动煤2105合约案例进行说明，如图4-13所示。

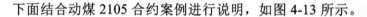

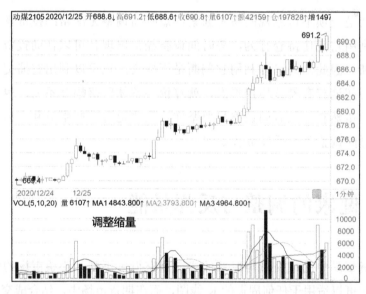

图 4-13

在动煤2105合约2020年12月25日1分钟K线走势图中，价格出现了一波震荡上行的走势，上涨过程中一共有三次调整走势的出现，在每一次调整走势出现时，都是中途介入的大好时机，由此可见，调整走势的出现并非坏事，反而对趋势的延续有很大的帮助。

当出现调整走势时，价格回落的幅度会比较小，这说明空方的力量很弱、多方力量很强，仅从调整幅度来看就可以得出价格将会继续上涨的判断。如果此时再结合成交量一起分析，结论就可以更加精准了：在价格出现调整的时候成交量出现了萎缩，这说明在回落区间没有资金愿意入场做空，同时，之前入场的多方资金也没有在回落时大规模离场，资金依然保持着单一的做多状态，在这种情况下价格自然会稳定地延续之前的上升趋势。

成交量萎缩可以理解为空方没有得到资金的认可，当价格上涨时成交量放大，说明资金认可做多的行为，而轮到空方反击时则没有资金的支持。哪个方向的波动有资金推动，趋势就必定会朝哪个方向前进。

下面结合豆一 2105 合约案例进行说明，如图 4-14 所示。

图 4-14

在豆一2105合约2020年12月21日1分钟K线走势图中，价格形成了两次调整的走势，每一次暂时的回落都没有导致上升趋势的改变，反而对未来的上涨走势起到了很大的促进作用，而投资者也完全可以通过这两次健康的调整走势找到中途的介入点。

在第一次调整时，价格的回落幅度是上涨波动幅度的三分之一，这说明价格回落的力度非常弱，强大的多方力量对回落的幅度形成了限制，说明价格后期延续之前上涨行情的可能性很高。在第二次调整时，虽然调整时间较长，但价格始终跌不下来，因此，也可以做出价格会继续上涨的判断，因为长时间调整体现了空方的无力，既然价格这么久都无法被压下来，那么肯定就要上涨了。

两次调整的形态与位置虽然各不相同，但却有一个共性：在调整区间成交量都出现了萎缩，量能的萎缩说明资金并没有兴趣进行做空的操作，做空资金没有大规模入场，价格又怎么会有下跌的动力呢？因此，当调整技术形态符合要求时，一旦成交量出现萎缩，就是难得的中途入场机会。

下面结合甲醇2105合约案例进行说明，如图4-15所示。

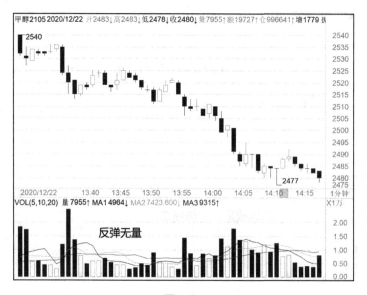

图4-15

在甲醇 2105 合约 2020 年 12 月 22 日 1 分钟 K 线走势图中，价格在下跌途中出现了多次反弹的走势，这些反弹虽然位置各不相同，但却有着高度的一致性。

首先，反弹的时间都很短，仅连续三五根阳线就结束了，这说明空方资金做空的心态很迫切，根本不给多方过多的时间组织反击。反弹时间越短，价格就越容易延续之前的下降趋势。

其次，在反弹的时候，价格上涨的幅度都很小。较小的反弹幅度与较短的反弹时间存在紧密的关系，在反弹时间较短的情况下，价格的反弹幅度较小，这进一步说明空方的力量强大，因此可以得出价格将会继续下跌的结论。

由于在短周期上进行操作，因此必然要参考成交量，从图 4-15 可以看到，在价格反弹的时候，其成交量都出现了明显萎缩的迹象，相比之前阴线下跌时的量能，阳线的量能小了许多，这说明在反弹收阳线的过程中没有大量的资金愿意入场进行做多操作。当反弹得不到资金的支持时，价格自然就会坚定地延续之前的下跌行情，此时可以入场做空或者继续大胆地持有空单。反弹的量能健康说明资金交易有序，这是行情能够延续的根本保障。

下面结合黄金 2102 合约案例进行说明，如图 4-16 所示。

在黄金 2102 合约 2020 年 12 月 22 日 1 分钟 K 线走势图中，价格在下跌中途出现了一次长时间的反弹走势，由于反弹时间较长，因此加大了分析的难度，面对这样的走势该从哪些方面入手分析呢？

当价格出现反弹的时候，首先要看一下反弹的幅度，从整体反弹的走势来看，反弹的幅度较小，说明场中资金做多的力量比较弱，价格就更容易延续之前的下跌趋势；其次应当看反弹的时间，在图 4-16 中，由于黄金的走势形成了长时间的反弹，反弹周期远远超过对时间的预判，因此，只注重幅度就可以了。

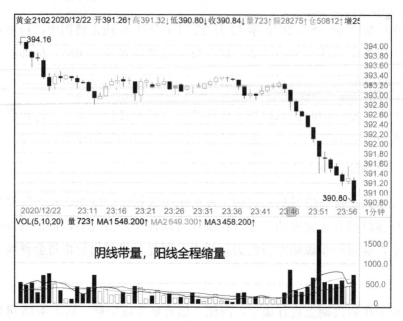

图 4-16

从以上分析中可以得出结论，价格延续下跌的可能性比较大，反弹的幅度成为后续趋势发展的决定性因素。同时，由于在短周期中进行分析，因此还要再看一下成交量的变化，在价格反弹的全过程中阳线都保持着缩量的状态，多方资金长时间不愿意入场，可见这样的行情并没有要走多的迹象。虽然反弹区间阴线也没有量能，但之前入场的空单却没有在此区间外撤，依然留在场中伺机发动行情，所以长时间的反弹形态有了成交量的配合，使得可以继续持有空单和继续中途做空的结论更加精确，投资者在做空的过程中也就更有底气。

4.5 调整与反弹综合分析

当调整或反弹走势出现时，涉及的分析项有多种，虽然单独分析某些分析项就可以得出指导后期操作的结论，比如调整的幅度等，但是把多个分析项结合起来进行分析，则可以相互验证，使得分析结论更加贴近市场的真实波动。

在对调整或反弹走势进行分析时，主要的分析项按重要性排序为：调整或反弹的幅度、调整或反弹的时间、调整或反弹的量能；辅助分析项为价格所处的位置。对于调整或反弹的幅度、调整或反弹的时间、调整或反弹的量能这三项在前面章节已做了重点的讲解，那么辅助分析项的价格位置又有什么意义呢？价格位置并不能决定是否可以入场操作，只能起到提示投资者未来获利空间的大小的作用。

将调整或反弹的幅度、调整或反弹的时间、调整或反弹的量能与价格所处的位置这四项结合在一起得出的结论可以直接用于实战操作，在进行分析时结合的因素越多，实战的效果就越好。

下面结合 PP2105 合约案例进行说明，如图 4-17 所示。

图 4-17

在 PP2105 合约 2020 年 12 月 9 日 1 分钟 K 线走势图中，在价格第一次调整出现的时候，与上涨波段相比，调整回落的幅度非常小，这说明空方的力量非常弱。调整区间成交量形成了完美的缩量态势，这说明没有资金愿意参与做空的操作，此时无须再看调整的时间的长短便可以得知，价格继续上涨的概率非常大。在 PP2105 合约的案例中，当价格调整时有一个不太好的技术点，那就是调整之前的上涨幅度有些大，实际操作时要考虑后面是否会仅一波上涨便透支了大部分的空间。当然，空间透支并不代表价格一定涨不起来，只能说明不能获得过多的预期收益。

在第二次调整的时候，前半段调整形态很好，回落的幅度并不大，但后半段的调整破坏了形态，不仅调整回落的幅度超过了上涨波段的三分之一，而且价格调整回落的低点也打破了布林线指标下轨线。当布林线指标中轨线向上的时候，布林线指标下轨线就是多方的最后一道防线，若这道防线失守，除非技术形态重新恢复，否则将无法预期价格后期的走势。

价格的调整幅度小且调整时成交量配合萎缩，这是出现完美调整技术形态的基础，除此之外还需要结合价格所处的位置进行综合分析，才能更好地捕捉到最适合操作的调整形态。

下面结合焦炭 2105 合约案例进行说明，如图 4-18 所示。

在焦炭 2105 合约 2020 年 12 月 18 日 1 分钟 K 线走势图中，在第一次调整形态出现之后，虽然价格出现上涨，但是此区间的调整形态其实并不太好，价格之所以大幅上涨，主要原因是其所处的位置占据了优势，调整发生在上涨的初期阶段，并未透支后面的上涨空间，自然就有机会进一步上涨。在调整区间的前半段，阴线出现了放量，这不是好的现象，同时，调整低点回落到了上涨波段一半的位置，综合这两点因素，此时便不能只是因为价格所处位置不错而入场操作。

当第二次调整时成交量萎缩，并且价格回落的幅度很小，形成了完美的调整形态，由此可以判断当前的位置绝对不是顶部，价格还有进一步的上涨空间，所以第二次调整是最佳的入场操作点位。

图 4-18

在第三次调整出现的时候，价格基本上回落到了上涨波段的起点，这是不是意味着应当放弃对它的操作了呢？其实第三次调整与第二次调整在同一个位置区间，它是第二次调整的延续，也就是说这两次调整是一个整体。从整体来看，第二次或第三次调整幅度相比之前的上涨幅度较小，这说明空方力量很弱，而且成交量都形成了高度配合的状态，因此在这个区间不管是在第二次的低点还是在第三次的低点都可以积极入场进行做多操作。

下面结合塑料 2105 合约案例进行说明，如图 4-19 所示。

在塑料 2105 合约 2020 年 12 月 21 日 1 分钟 K 线走势图中，当第一个反弹点形成时，反弹的时间非常短，相比阴线的成交量，阳线的量能出现了明显的萎缩，再加上反弹的幅度也很小，因此这第一个反弹点是一个操作点。由于价格反弹的幅度很小，只能采取突破的手法进行操作。若想逢高做空是没有介入机会的，因为价格反弹的高点不够高，不满足逢高做空的操作要求。

图 4-19

当第二个高点形成的时候，出现了等时间的反弹，价格基本上反弹到了下跌波段的起点位置，虽然成交量在反弹区间与价格形成了高度的配合，但由于反弹的幅度很大，导致这个高点过高，所以也不满足逢高做空的要求。可见，并不是什么样的反弹都可以做空，反弹幅度小的高点不好捕捉，反弹幅度大的高点多头力量太强大，也不能做空。所以想要在反弹区间逢高做空，这个高点一定要适度。

第三个反弹高点反弹的幅度很小，不符合逢高做空的操作要求。同时，也不适合做突破，因为价格位置不好，此时入场能否盈利是无法预估的。

下面结合 PVC2105 合约案例进行说明，如图 4-20 所示。

在 PVC2105 合约 2020 年 12 月 14 日 1 分钟 K 线走势图中，价格形成了一大轮的下跌行情。在下跌的过程中出现了几次小幅度的反弹，这种小幅度的反弹只能用突破的手法进行操作；还出现了几次力度适中的反弹，这些反弹的特点是价格反弹到布林线指标中轨线时受到了压力，停止了反弹，这些点位都是极好的逢高做空的介入点；同时还出现了力度比较大、彻底破坏掉多头形态的反弹，当这样的反弹走势出现时，必须要进行回避，甚至在反弹的前半段入场之后也要止损出场。

图 4-20

从第一次反弹来看，它的特点是价格反弹的中期阶段还比较好，在价格到达中轨线的压力区间时便停止了上涨，这个点位肯定是一处介入点。如果以布林线指标上轨线进行止损操作，那么后期就可以捉住这一轮较大的下跌行情，因为价格的反弹高点并没有触及上轨线的压力。这种形态对于没有持仓的投资者来说是不能操作的，因为在反弹的后半段布林线指标中轨线拐头向上，方向发生了改变，所以在反弹的后半段，肯定就不能做空了。

当第二次反弹形成时，也要先入场做空，这个区间不能一直持有做空，因为在反弹的后半段布林线指标形成了上升的趋势，同时价格向上突破了布林线指标上轨线的压力。一旦上轨线压力失守，就必须要进行止损操作，而不宜再继续持有空单，所以第二次反弹是注定要止损出场的。这样一来，后面的下跌就很难抓住了，只能借助下跌后的反弹捕捉进一步持续下跌的机会。

反弹的形态多种多样，有标准的，也有不规则的，这就需要投资者不仅要从反弹的幅度、时间和量能进行分析，还要结合位置的因素、指标形态的因素进行全面判断，这样得出的结论才更加贴近市场的真实波动，为我们的操作提供更准确的信息。

4.6　需放弃的调整与反弹形态

走得比较好的调整和反弹形态可以为投资者带来盈利的机会，还能为投资者的持仓起到重要的指导作用。走得比较差的调整与反弹形态则会为投资者带来风险，破坏价格当前的运行方向，因此要在比较差的调整与反弹形态出现时及时平掉手中的持仓。

那么，什么样的调整与反弹形态需要放弃操作呢？其实很简单，可操作的技术形态与放弃操作的技术形态是完全相反的。

当出现可以操作的调整与反弹形态时，成交量是连续萎缩的；当出现需要放弃操作的调整与反弹形态时，成交量则往往是放大的，即形成放量调整或放量反弹的走势。这种量能说明上涨后的下跌或下跌后的反弹有资金参与，在这种情况下，之前的运行方向就容易被改变，因此，当碰到放量调整或反弹的情况时，应当放弃操作。

通过量能判断调整或反弹形态是否应当放弃操作是在短周期 K 线图中常用的操作方法，而在长周期 K 线图中，需要放弃操作的是调整或反弹幅度超过 50%及调整低点跌破布林线指标下轨线或反弹高点向上突破布林线指标上轨线的形态。

下面结合 PP2105 合约案例进行说明，如图 4-21 所示。

图 4-21

在 PP2105 合约 2020 年 12 月 17 日 1 分钟 K 线走势图中，价格在上涨途中出现了三次调整的走势，在前两次调整走势出现之后价格都出现了上涨的走势，那是不是意味着可以参与调整形态了呢？在进行实际分析时，不能等价格上涨之后再回头分析之前的走势状况，一定要把视角停留在那一时刻进行分析。

在第一次调整时，价格回落的幅度较大，仅从回落的幅度来看，并不值得在此区间进行操作。同时，在调整的时候，成交量放大，这说明有资金在场中参与做空的操作，综合分析便可以得出第一次的调整并不适合进行操作。

在第二次调整时，价格回落的幅度非常小，如果这是不需要看成交量的长周期 K 线，那么是完全可以进行操作的，但由于这是短周期 K 线，因此必须要结合成交量一起分析，在调整时成交量仍然出现了放量，因此，这个区间也不能操作。

前两次调整都不可以操作，那么在第三次调整时可以操作吗？自然也是不可以的，因为在第三次调整时同样出现了成交量放大的情况。不符合上涨要求的走势，或许也会上涨，但上涨的概率很小，一定要坚决舍掉那些不符合条件的走势，不要受它们涨跌的影响，扰乱了自己的心态。

下面结合甲醇 2105 合约案例进行说明，如图 4-22 所示。

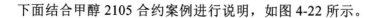

图 4-22

在甲醇 2105 合约 2020 年 12 月 23 日 1 分钟 K 线走势图中，价格在初期上涨过程中调整的回落幅度很小，并且调整时的成交量也没有放大，因此可以判断价格将持续地上涨。在价格运行到中途的时候，出现了一次规模较大的调整，那么在这两次调整的区间可以进行操作吗？

答案是否定的。这是因为在调整出现的时候，成交量放大，调整放量属于异常的走势，没有满足完美量价的关系。此时的放量说明要么有资金入场做空，要么有多头资金大举平仓离场，无论是哪种情况，都说明资金的操作出现了分歧，在这种情况下，价格的波动也就很难稳定了，所以在第一次放量调整区间不可以进行操作。

在价格创出新高之后，又一次形成了调整的走势，这一次调整再度出现了放量的迹象，就算此时多头资金没有全部撤离，价格在这么高的位置，也总会有减仓的操作，无论是多头资金减仓，还是空头资金入场，都不利于价格上涨，所以不可以操作放量调整走势。

下面结合螺纹 2105 合约案例进行说明，如图 4-23 所示。

图 4-23

在螺纹 2105 合约 2020 年 12 月 8 日 1 分钟 K 线走势图中，价格下跌的中途形成了反弹的走势，中途的反弹上涨幅度很小，这说明多头力量很虚弱。价格的上涨幅度小，这是极好的事情，但是，在反弹的时候，成交量并没有明显萎缩，面对这种走势该如何分析呢？

如果这是长周期 K 线走势，那么该如何对下跌中途的反弹进行分析呢？若反弹幅度小于下跌波段三分之一，则属于形态完美的反弹形态，在多头力量很弱的情况下，价格继续下跌的概率将会是极大的。因此，较小的反弹幅度抵消了成交量并没有大幅萎缩的不足。

下跌到底部之后价格再次反弹，在反弹的初期成交量就放得很大，甚至超越了最后两根阴线的成交量，这么大的成交量说明：要么空方资金在积极平仓，要么多方资金在集中入场。如果仅是放量倒也不怕，关键是在放量出现时，价格还出现了快速上涨，这说明多方的力量不仅大还得到了资金多头性质的推动。这个时候若还想进行逢高做空的操作或者继续持有空单，都将会受到沉重的打击。

下面结合铁矿 2105 合约案例进行说明，如图 4-24 所示。

图 4-24

在铁矿 2105 合约 2020 年 12 月 11 日 1 分钟 K 线走势图中，在价格下跌中途出现了第一次反弹走势，从下跌与反弹的整体形态来看，这一次反弹的幅度并不大，并没有超过下跌波段的三分之一，从形态上可以确认价格继续下跌的可能性比较大。在这一次反弹区间，大多数成交量都保持着萎缩的状态，只有两根阳线的成交量出现了集中放大的迹象。这是一种部分放量、整体无量的反弹，随着价格越涨越高直至最后形成一根阳线，成交量也形成了极度萎缩的状态，因此，此时的反弹走势幅度达标，量能也达标。

当价格再次下跌到底之后，又大幅反弹，在反弹的过程中成交量继续放大，并且达到了与阴线成交量一样的水平，此时价格的位置变得更低，空方资金的获利空间更大，形成仅仅空方平仓就足以扭转价格下跌的局面。此时如果再有多方资金入场，就更容易推动价格持续上涨，最终彻底扭转下降趋势。因此，当在低位出现放量反弹走势时，千万不要再按中途反弹的思路进行操作。

第 5 章
5 技术指标的日内实战应用技巧

对于普通投资者来说，技术指标是非常好的辅助性工具，它可以简化技术图形所反映的市场信息，给投资者以最直观的交易信号，对投资者的开仓、止损、持仓与止盈起到很大的帮助作用。现在市场中所有的看盘软件都附带了各种技术指标。

虽然技术指标可以对投资者起到很大的帮助作用，但前提是投资者会正确使用它们。有一些投资者在使用技术指标时没有取得好的操盘效果，主要原因就是对这些技术指标的使用方法理解不透彻。因此，本章详细讲解如何使用常见的技术指标，相信通过学习，读者在实战交易中使用这些技术指标时，肯定会取得更好的操盘效果。

5.1 KD指标的适用环境

KD 指标是实战时非常重要的参考指标，它的主要作用是帮助投资者寻找价格的高点与低点，KD 指标属于高低类型指标，它的作用就是反映价格当前位置的高低状况。"逢低做多"性质的操作需要把握低点，"逢高做空"性质的操作需要把握高点，而 KD 指标在这两种操作中都可以发挥很不错的作用。同样，抄底要寻找低点做多，摸顶要寻找高点做空，KD 指标同样可以起到寻找高点与低点的作用。可见，KD 指标虽然简单，但它的作用很大。

许多投资者可能认为 KD 指标过于简单，所以忽视了它，这其实是不对的，指标的作用就是如实地反映市场的信号，有的指标计算过程简单一些，有的指标计算过程很复杂，但不是计算过程简单的指标就不是好指标，相反，在交易的过程中，计算过程简单的指标往往非常有效。

为什么许多投资者用不好 KD 指标呢？就是因为不知道该在怎样的场景中使用 KD 指标，使用场景不对自然无法获得好的效果。KD 指标的适用环境是在短周期 K 线图中，一定要在无量区间使用。期货的长周期 K 线无法参考成交量的情况，那么只看 KD 指标就可以了，但在短周期 K 线图的放量区间使用 KD 指标是完全错误的，一定要在无量区间中使用！

下面结合豆油 2105 合约案例进行说明，如图 5-1 所示。

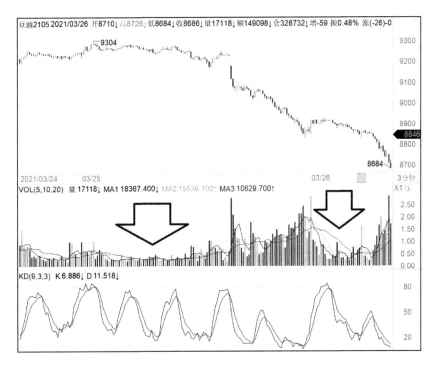

图 5-1

在豆油 2105 合约 2021 年 3 月 26 日 1 分钟 K 线走势图中，价格的波动分为放量下跌及缩量震荡。放量下跌带来的是收益的增加，而缩量震荡带来的是入场的机会。从图 5-1 中来看，只要在缩量区间入场，那么当价格在后期形成放量下跌走势时，就可以有不错的收益。

当价格形成放量下跌走势时，K 线指标始终停留在 20 以下的低数值区间。因为在这个区间有大量的资金进行操作，所以价格的波动将由资金操控，KD 指标在此区间不能发挥太好的提示效果。因此，在放量波动区间，投资者应当使用趋势类指标，这样才能更好地追随价格波动的趋势，从而增加收益。

一旦价格进入缩量区间，没有资金主动操控，价格就会非常标准地按照技术形态波动，高了就会回落，低了就会上涨。从图 5-1 中的走势来看，价格在缩量区间震荡时，只要 KD 指标数值高了价格就会回落，KD 指标数值低了价格就会上涨，KD 指标提示作用非常有效。而在放量区间，即使指标已经很低了，价格也还会出现更低的情况，KD 指标也就没有什么提示作用了。

下面结合橡胶 2105 合约案例进行说明。图 5-2 所示为 2021 年 3 月 30 日橡胶 2105 合约 1 分钟 K 线走势图。

在图 5-2 中，价格形成了连续下跌的走势，在形成每一轮下跌走势时，成交量都会放大。当资金积极推动行情时，投资者一定要使用趋势类指标，在放量区间趋势类指标的提示作用是最有效的，可以帮助投资者捕捉到持续的盈利。

价格下跌对应着成交量的放大，那么价格什么时候会进入无量区间呢？从价格的走势来看，无量所对应的区间都是反弹区间。在这个区间，空方资金没有大规模出场，多方资金也没有大规模入场进行抄底做多操作，价格在没有过多资金干预的情况下，很容易按照标准的技术形态波动，因此，KD 指标才会在无量区间给予投资者最有效的提示。

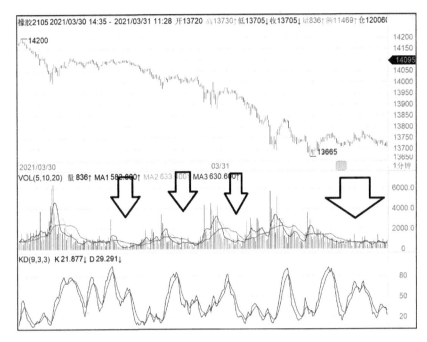

图 5-2

从图 5-2 中的走势来看，在无量区间内只要 KD 指标数值超过 80，价格就会随之回落，回落会带来趁反弹高点择机做空的大好机会。因此，KD 指标好不好用要看用在什么地方，只要是在无量区间内使用，效果就会非常好。

下面继续结合甲醇 2105 合约案例进行说明。图 5-3 所示为 2021 年 4 月 2 日甲醇 2105 合约 1 分钟 K 线走势图。

在图 5-3 中，开盘后价格形成了放量上涨的走势，只要看到成交量放大，就一定要马上切换成趋势类指标，此时负责侦查价格高低状态的 KD 指标在放量区间就帮不上忙了，因为 KD 指标是高低类型的指标，它反映的是价格的高与低，放量上涨说明有资金在积极地推高价格，只要资金没有停止操作，价格便会一高再高，所以 KD 指标很容易引起钝化，这时如果想用 KD 高数值指标平仓，那么极有可能会平仓在价格上涨的中途，而后错过一大波上涨行情。所以，在放量上涨区间参考 KD 指标是否是高数值不仅没有意义，反而还会影响收益，且在放量上涨区间不可能出现价格低点，因此，在这个区间无论 KD 指标是 80 以上的高数值还是 20 以下的低数值，对投资者来说都没有任何帮助作用。在这个区间内价格的波动往往有很好的延续性，因此，查看趋势类指标才会有更好的操盘效果。

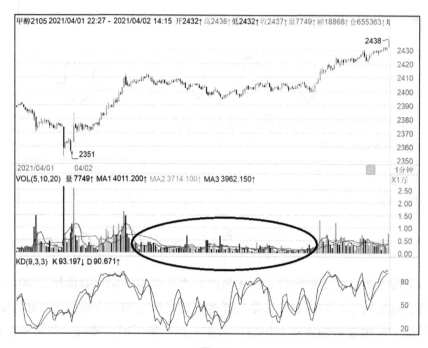

图 5-3

如果在上涨的中途价格形成了长时间的缩量状态，则说明资金积极做多的行为停顿下来了，这个时候才会形成适合操作的低点。由于没有大量资金搅局，因此，只要 KD 指标一低，价格就会上涨，所以，在上涨后的无量区间内使用 KD 指标就可以很好地找到价格的低点。从图 5-3 中来看，在无量区间内的几个重要的价格调整低点，KD 指标都给投资者发出了低数值的重要提示。

下面结合螺纹 2105 合约案例进行说明。图 5-4 所示为 2021 年 4 月 2 日螺纹 2105 合约 1 分钟 K 线走势图。

　　在图 5-4 中，价格形成了持续上涨的走势，在价格上涨过程中有放量也有缩量，在放量区间内要重点关注趋势类指标的变化，以便紧紧地盯着价格的运行方向获取更多的收益，放量带来的是收益的增加，而缩量则是用来判断机会的。

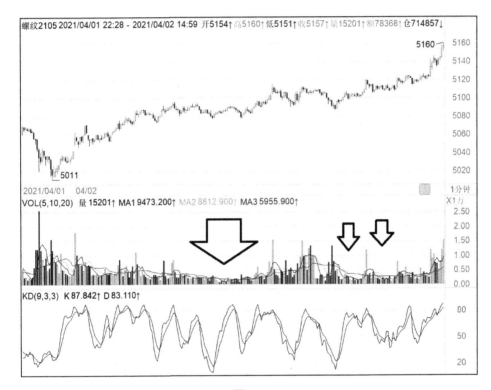

图 5-4

　　缩量不仅说明多方没有主动交易，而且说明空方也没有主动交易，两者暂时达到了平衡。但由于大的趋势是向上的，资金的操作主流方向也是向上的，在空方没有什么举动的情况下，价格继续上涨的概率会大于下跌的概率，所以，价格上涨之后的缩量区间属于多头性质的，理应继续看多。

　　缩量区间才会出现调整，而只要有调整便会出现逢低做多的交易机会，因此，在无量区间虽然价格的上涨停了下来，但是，却孕育了下一次放量上涨的机会。从图 5-4 中可以看到，在缩量区间的，KD 指标都有形成低数值及低位金叉的现象，这些技术信号就是在提示投资者，到达了合理的价格调整的低点区间，只要找到价格低点，后期获利的概率就高了。

5.2　KD指标两极数值

使用 KD 指标的注意事项：

（1）要在正确的环境中使用 KD 指标，如果在错误的环境中使用 KD 指标，那么再好的技术工具也不能发挥出好的效果。

（2）注意使用 KD 指标的方式。KD 指标反映价格的高低位置，它的指标线数值为 0～100，0～20 是低数值区间，80～100 是高数值区间。如果 KD 指标数值达到了 0～20，则说明价格的位置偏低，这个时候有形成价格低点的可能性，可以留意做多的机会。如果 KD 指标数值达到了 80～100，则意味着价格已高，应当留意逢高做空的机会。

当 KD 指标数值在 20～80 时，从理论的角度来说，有一定的分析价值；但从实战的角度来看，此区间对实战的帮助作用并不是很大。使用 KD 指标一定要使用指标参数的两极（指标数值的极限状态对实战的帮助作用更大），而不是过多地关注常态数值区间。

在具体使用 KD 指标时，要把精力放在 0～20 低数值区间做多，以及 80～100 高数值区间做空上，可以忽略其他数值。这是因为在实战操作时，我们不可能只看一个指标，如果不尽力简化每个指标的提示信息，而是关注所有指标所有的提示信息，那么即使介入点已经错过，你可能还没有分析完这些信息，这样肯定是不行的。所以，必须要做到：不管看什么指标，都只看一眼就知道该如何执行操作，在极短的时间内就形成操作计划，所使用的方法也是简单的。

在具体使用时，下降趋势关注 80～100 高数值的做空机会，上升趋势关注 0～20 低数值的做多机会。千万不要用错，否则就无法发挥 KD 指标强大的威力了。

下面结合豆油 2105 合约案例进行说明。图 5-5 所示为 2021 年 3 月 26 日豆油 2105 合约 1 分钟 K 线走势图。

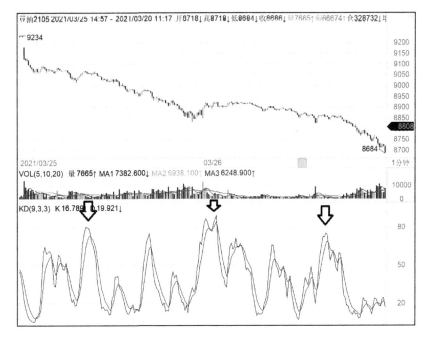

图 5-5

在图 5-5 中，价格形成了持续下跌的走势，下跌时间越长，下跌中途留给投资者的介入机会就越多。那么，这些中途的介入机会在哪里呢？根据 5.1 节的讲解大家应当知道了，放量是持仓获利的机会，无量则是好的入场机会，所以，在缩量区间内一定要留意做空机会的到来。

那么，什么样的形态会带来交易的机会呢？此时便可以利用 KD 指标的高低数值进行判断。由于价格形成的是下降趋势，因此，应当利用高数值找机会进行做空。从图 5-5 中的走势来看，下跌中途总共有三次大好的做空机会，在这三次做空机会时 KD 指标数值分别接近、达到及超过了 80。

在无量状态下，只要 KD 指标数值高了，价格就会按照标准的技术形态完成回落，因此，这些点位都值得入场进行做空。

而从实际的走势来看，在下跌中途的无量区间内，当 KD 指标数值达到 80 左右时，价格也往往会出现重要的高点或是局部重要的高点，在这些点入场做空都有利可图。KD 高数值不能乱用，必须用于下降趋势中，或是空头性质明显的波动形态中，这样才可以发挥最大的提示作用。

下面结合橡胶 2105 合约案例进行说明。图 5-6 所示为 2021 年 3 月 30 日橡胶 2105 合约 1 分钟 K 线走势图。

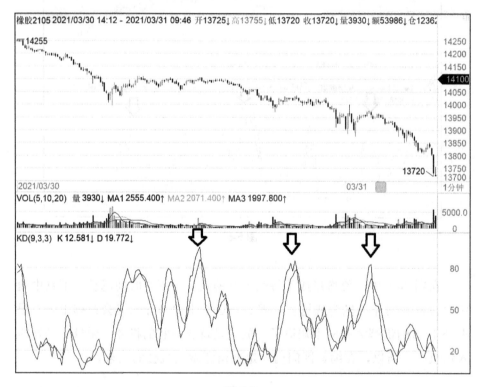

图 5-6

在图 5-6 中，价格同样形成了持续下跌的走势，面对下降趋势该如何使用 KD 指标呢？自然要利用 KD 指标的高数值择机进行做空。

在 KD 指标线中有两条线，一条线是 K 线，另一条线是 D 线。当 KD 指标达到高数值的时候，会有这样几种情况：第一种是 KD 两个指标的数值都超过 80，这是最标准的高数值情况；第二种是只有 K 线数值高于 80；第三种是当 KD 指标 K 线（即 K 数值指标线）数值达到 80；第四种是 K 线指标数值即将达到 80，但还未达到 80，即处于极为接近的状态。当出现以上这几种情况时，在对应的价格高点都可以择机进行做空。

从图 5-6 中的走势来看，有三处 KD 指标数值接近并超过了 80，这是最为标准的技术形态，从实际的走势来看，所对应的价格都是高点位，在这些点位入场做空，肯定是盈利的。若读者朋友们刚接触这个方法，那么建议先对标准的形态进行操作，有了足够的应对经验之后，再放宽操作条件。

下面结合甲醇 2105 合约案例进行说明。图 5-7 所示为 2021 年 4 月 2 日甲醇 2105 合约 1 分钟 K 线走势图。

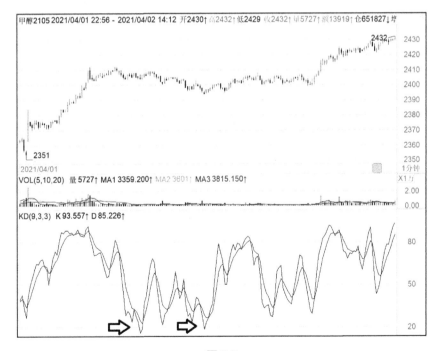

图 5-7

在图 5-7 中，价格形成了上升的趋势，在面对上升趋势或者明显的多头波动形态时，KD 指标的高数值就没有任何作用了，此时要看 KD 指标的低数值。KD 指标的高数值是用来捕捉价格高点的，只有做空才需要捕捉价格高点；而 KD 指标的低数值是用来捕捉价格低点的，只有做多才需要寻找价格低点进行操作。因此，对于空头性质的波动需要看 KD 指标的高数值，对于多头性质的波动需要看 KD 指标的低数值。

运用 KD 指标低数值的前提是成交量必须萎缩。有时候价格出现了放量调整的走势，由于量能放大了，因此就算 KD 指标数值再低也不可以进行操作。"多头波动性质+缩量+KD 指标低数值"才是绝配，才可以有效地捉住价格波动的低点。

在价格调整区间内，当第一次 KD 指标数值低于 20 时，价格并没有形成上涨趋势，在这个区间内是要做止损处理的，但亏损的幅度却很小；当 KD 指标数值第二次接近 20 时，价格也没形成最终的低点，会再次出现亏损；直到 KD 指标数值第三次达到 20 时，重要的价格低点才得以形成。但这几次亏损都只是小亏损，一旦真正的价格低点形成且我们成功捕捉该低点，就会实现大的盈利。

下面结合螺纹 2105 合约案例进行说明。图 5-8 所示为 2021 年 4 月 2 日螺纹 2105 合约 1 分钟 K 线走势图。

在图 5-8 中，价格形成震荡上涨的走势，从走势来看，无量区间延续的时间挺长，这其实是好事。只要价格上涨趋势一直延续，无量只会一次又一次更好地促使价格上涨，并且能给投资者带来多次好的介入机会。

从图中的走势来看，KD 指标数值先后两次低于 20。那么，这两次低数值的信号是不是都可以进行操作呢？从左边的箭头处来看，成交量萎缩非常严重，这说明没有过多的资金搅局，因此，只要有了技术上的低点特征，价格就容易上涨起来，因此，在 KD 指标低数值形成以后，价格便出现了恢复性的上涨。

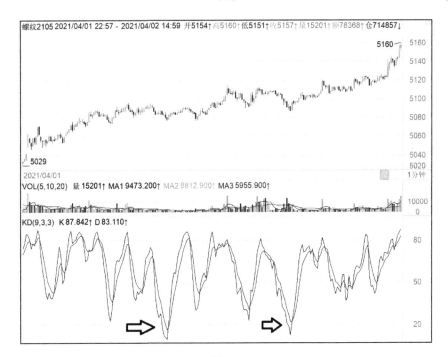

图 5-8

在右边箭头处，在低数值形成之后价格也出现了上涨的走势。仅从 K 线走势来看，这两次非常不错的低点都被 KD 指标提示到，但不同之处在于，在第二次 KD 指标形成低数值时，成交量出现了放大，这是一次放量调整的走势。虽然价格后期出现了上涨，但由于放量调整的到来使得 KD 指标无用武之地，在放量区间内绝对不能使用 KD 指标。因此，当右边箭头处的 KD 指标出现低数值时是不可以入场进行操作的。

在操作时严格按照指标形态进行操作，会捉住完全符合条件的盈利机会（正如左边箭头处的多头性质中的低数值提示），但也会错过一些机会，应当以平静的心态理性地面对被错过的机会。严格交易纪律是盈利的基础，在不符合指标形态的条件时绝不进行操作，只操作各方面都极为确定的走势，唯有这样才可以长久盈利。

5.3 KD指标的使用方式

知道了 KD 指标的使用环境，也知道了在上升趋势中当 KD 指标数值在 0～20 时是做多的机会，在下降趋势中当 KD 指标数值在 80～100 时是做空的机会，难道这样就可以操作了吗？其实不然，在日常交易时不宜单独使用 KD 指标，一定要结合其他的指标综合使用，这一点一定要切记。

为了让所有的投资者都可以轻松掌握利用 KD 指标实现盈利的方法，各位读者朋友可以这样使用：在查看分时图的时候，配合 KD 指标使用；如果分时线在均价线上方，则说明价格的波动形成了多头的性质，此时，只要 KD 指标形成了 0～20 低数值状态，就可以入场进行做多；而如果分时线位于均价线下方，形成了空头性质波动，只要 KD 指标形成 80～100 高数值状态，就可以入场进行做空。

当分时线位于均价线上方形成多头性质时，0～20 的低数值意味着价格形成了重要的调整低点，在这个调整过程中只要成交量是萎缩的，就可以入场进行做多。而当分时线位于均价线下方形成空头性质时，80～100 的高数值意味着价格形成了反弹的高点，在反弹过程中没有资金积极入场做多，便可以进行做空。这是一种经典的逢低做多与逢高做空的技术形态。

下面结合菜粕 2105 合约案例进行说明。图 5-9 所示为 2021 年 4 月 13 日菜粕 2105 合约分时走势图。

在图 5-9 中，在一整天中分时线始终在均价线的下方，价格保持着持续性的空头波动性质。面对这样的行情，任何做多行为都是错误的。正确的方法就是顺从价格的波动性质，在盘中寻找做空的卖点。

只要确定了价格波动性质是做多还是做空，寻找买点与卖点的问题就非常容易解决了，看一下 KD 指标便可以找到好的介入点。具体的使用方法依然不变：在空头性质的价格波动过程中关注 KD 指标的高数值。从图 5-9 中的价格走势可以看到，盘中一共出现了四次适合交易的机会，在 KD 指标数值到达 80 时，一旦分时线有向下拐头的迹象就入场，只要操作妥当，这四次交易都会有不错的收益。

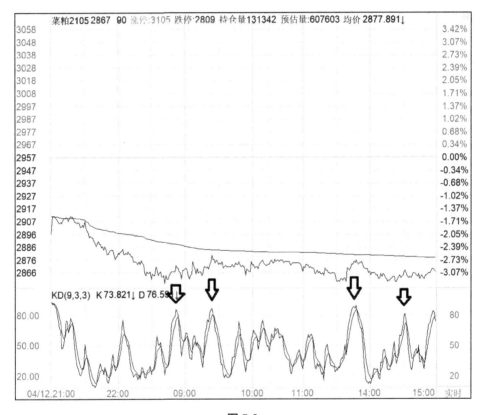

图 5-9

当 KD 指标进入 80 高数值区间时一定要重点关注，此时可能分时线仍然保持着上涨的态势，这是不宜操作的。因此，要盯紧分时线出现向下拐头的迹象，一旦分时线出现向下拐头就可以入场。所以可以使用 KD 指标高数值信号寻找价格高点，当分时线出现向下拐头时就是精确的介入点。

下面结合棉花 2105 合约案例进行说明。图 5-10 所示为 2021 年 4 月 13 日棉花 2105 合约分时走势图。

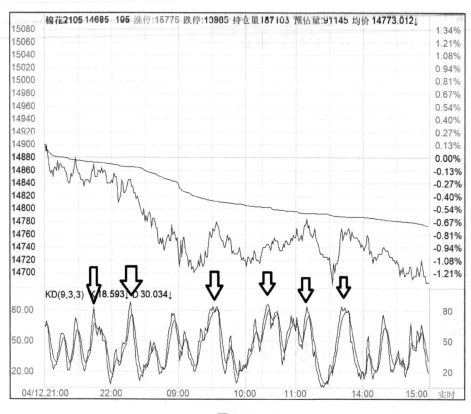

图 5-10

在图 5-10 中，分时线基本上一直位于均价线下方，这就意味着当天一定要坚定地对棉花进行做空，任何做多的想法都是错误的。虽然在价格波动时形成了各种各样的反弹上涨趋势，但我们必须主动放弃这些上涨趋势。在价格保持着空头性质的波动时，舍弃掉多头不确定的机会，就会得到空头确定性很高的获利机会。

价格空头性质的确定也意味着交易方向的确定，此时便可以耐心等待 KD 指标数值进入 80 区间了。在刚使用这种方法操作时，必须要求 KD 指标数值达到 80，这样交易的效果更好、收益更高，不会出现混乱的现象。

做交易本身就是舍与得的过程，千万不要有抓住所有机会的想法，这是不现实的。

从图 5-10 中的走势来看，在价格下跌过程中，仅一个品种就有 6 次的交易机会，若同时看三四个品种呢？所以，机会很多，不必害怕错过机会。只要 KD 指标进入 80 高数值区间，一旦分时线有向下有拐头的迹象就可以入场进行做空操作。当空头性质的波动明确时，在 KD 指标高数值的提示下，盈利是非常稳妥的事情。

下面结合动煤 2105 合约案例进行说明。图 5-11 所示为 2021 年 4 月 13 日动煤 2105 合约分时走势图。

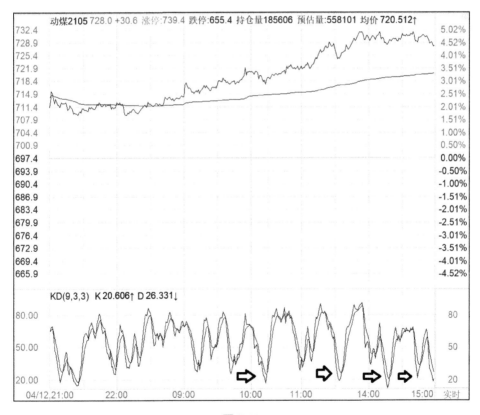

图 5-11

在图 5-11 中，价格在夜盘期间的方向感不是很强，虽然有段时间分时线位于均价线下方，但是反弹高点却总跑到均价线上方，这样的技术形态非常不标准。在看到 KD 高数值后，准备等着分时线向下拐头时做空，但真拐头时却发现分时线已经跑到了均价线上方，因此失去了操作的价值。因此，在夜盘期间是无法入场进行操作的。

在日盘期间，分时线始终在均价线上方波动，价格的波动多头性质与交易方向都变得非常明显。当分时线在均价线上方时，KD 指标就要盯紧 20 以下的低数值了，只要价格进入低数值区间就存在着逢低做多的交易机会。

从图 5-11 中箭头的标注来看，日盘期间价格给出了 4 次逢低做多的好机会，并且这 4 次做多的机会都带来了或大或小的收益。此时若形态失败，出现小幅度亏损也没有太大关系，而一旦形态成功就有机会实现较大盈利。

下面结合纸浆 2105 合约案例进行说明。图 5-12 所示为 2021 年 4 月 13 日纸浆 2105 合约分时走势图。

在图 5-12 中，在开盘时价格便一直位于均价线上方波动，这种走势奠定了价格当天大涨的基础。多头性质明确、多头方向明确，价格也就有了一直上涨的动力；越是多头迹象明显的走势，越容易吸引更多的资金入场做多；而更多的资金入场做多，便越会促使价格更好地上涨，从而形成良性循环，价格不断涨高。

在价格多头性质清晰时，捕捉价格买点相对容易一些：只要 KD 指标回落到 20 以下的低数值区间就可以盯紧其走势，一旦分时线向上拐头就可以入场做多。从图 5-12 中的走势来看，有 4 次操作的好时机，从左边数第一个箭头及第二个箭头处使用持仓技巧可以收获巨额收益，在第三个箭头及第四个箭头处也可以收获日内正常投机收益。

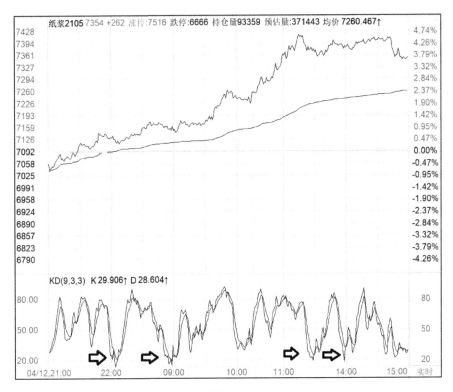

图 5-12

这些收益仅仅使用 KD 指标就可以获得，这就是大道至简！千万不要迷信那些复杂的方法，在实际操作中，买卖点的位置往往是一闪即逝的，如果你的方法有太多条件限制，使用起来非常复杂，则操作速度就会非常慢，很容易错过买卖点。所以，方法简单其实是顺应市场，能不能开仓必须在一瞬间做出反应。千万不要觉得 KD 指标简单，只要能够将它运用自如，那么它就是一把能够让你收获颇丰的利器！

5.4　MACD指标的顶背离和底背离

绝大多数指标的信号都有滞后性，无法为投资者提供具有前瞻性的提示，而 MACD 指标的背离现象却可以给投资者提前发出交易的信号，或帮助投资者进行平仓、抄底、摸顶的操作，作用非常大。虽然说 KDJ 指标及 RSI 指标也有背离现象，但这些指标背离现象对实战指导的作用不如 MACD 指标的作用大。

什么是背离呢？一般有以下几种情况。

（1）价格向上继续创新高，连接价格的高点形成上升趋势，但连接 MACD 指标的高点却形成下降趋势，这就是通常意义上说的顶背离情况，一提到 MACD 指标背离基本上指的就是这样的形态。下跌也是如此，连续价格的低点会形成下降趋势，但若连接 MACD 指标的低点却形成了上升趋势，这就是底背离。

（2）连接价格高点形成上升趋势，连接 MACD 指标的高点形成水平的态势，这也是一种背离现象。价格方向向上，而指标无方向，这种背离现象比较少。

（3）连接价格的高点形成水平的趋势，连接 MACD 指标的高点形成下降趋势。价格无方向，而指标方向向下，这也是一种极少出现的背离情况。

如果价格向上创新高，指标点位也向上创新高，这就不是背离，而是同步，同步的走势无法为投资者提供具有前瞻性的信号。

在价格上涨或下跌过程中，如果只形成一波上涨或下跌的走势，往往是不会见到顶底背离的。至少需要价格连续出现两波上涨或下跌的走势，才有可能出现顶底背离现象，并且必须第一波上涨或下跌幅度较大，如果第一波行情的涨跌幅度小，那么在第二波走势出现时也不会形成顶底背离。但若价格连续出现了三波甚至更多的涨跌走势，那么顶底背离现象必然会出现。

在顶底背离现象形成时，首先应当平仓趋势单，然后根据具体的形式进行抄底摸顶操作。许多投资者之所以在进行抄底摸顶操作时总是亏损，是因为在出现顶底背离现象出现之前就进行了抄底摸顶操作。在碰到顶底背离现象时就算不清仓也要减仓,然后再抄底摸顶,这样的交易节奏就对了。

下面结合苯乙烯 2105 合约案例进行说明。图 5-13 所示为 2021 年 4 月 6 日苯乙烯 2105 合约 1 分钟 K 线走势图。

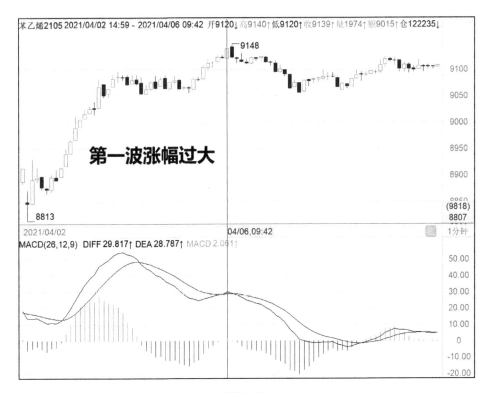

图 5-13

在图 5-13 中,在开盘之后价格略做震荡之后便又形成了一波大幅度上涨的行情,在横盘调整之后价格继续上涨并创出新高,但此时观察 MACD 指标便可以看到,当价格向上创出新高时,指标的高点却转头向下,形成了下降的趋势,这种技术形态被称为顶背离。

图 5-13 中苯乙烯的顶背离是由两波上涨构成的,且第一波上涨幅度较大。如果第一波上涨幅度较小,则很难形成顶背离现象。只有第一波上涨

幅度较大，才会带动 MACD 指标达到一个较高的峰值，而后无论价格如何波动，MACD 指标都只有向下修正的空间而没有继续上涨的空间，从而在价格创出新高时，指标只能不断下行形成背离走势。

不管是由两波上涨形成的顶背离，还是由多波上涨形成的顶背离，只要出现顶背离形态，多单持有者都必须保持谨慎的态度，以免价格的持续调整或者彻底的转势对多单造成影响。

下面结合豆油 2105 合约案例进行说明。图 5-14 所示为 2021 年 3 月 31 日豆油 2105 合约 1 分钟 K 线走势图。

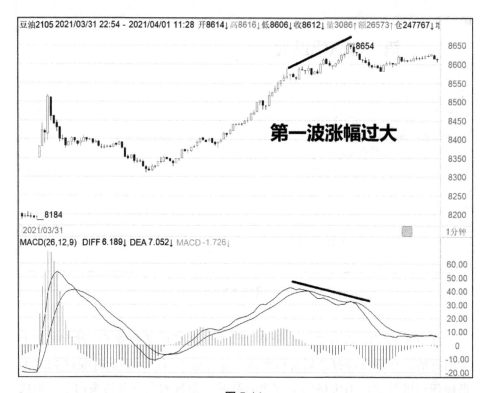

图 5-14

在图 5-14 中，在价格见底之后便形成了单边上涨的走势，上涨的技术形态非常简单，这样的走势形态对于持仓者来说非常有利，就算是没有什么经验的持仓者也可以在这种简单上涨的形态中获得不错的收益。

价格在上涨到高点之后略经震荡便再度向上创出新高，在价格向上创新高时，MACD 指标此时却不再跟随上升趋势继续向上，而是形成了连续下降的走势。价格高点继续被抬高，MACD 指标的高点却降低，这就是最标准的顶背离技术形态。

图 5-14 中是一个由两波上涨行情形成的顶背离现象。该顶背离现象的技术特征是：第一波上涨的幅度往往比较大，它不仅透支了未来价格继续上涨的空间，还带着 MACD 指标进入了一个较高的位置区间，使得 MACD 指标继续向上的后劲不足，因此，在价格第二波衰竭性上涨走势出现时，就很容易形成背离现象。当然，在实际操作时，不管是由两波上涨行情形成的顶背离，还是由多波上涨行情形成的顶背离，交易的思路都是一样的。

下面结合菜油 2105 合约案例进行说明。图 5-15 所示为 2021 年 3 月 26 日菜油 2105 合约 1 分钟 K 线走势图。

在图 5-15 中，价格在底部震荡区间依然保持着低点向下的态势，但 MACD 指标并没有形成低点抬高的走势，而是形成了低点水平的技术形态，这样的走势又该如何解读呢？

价格的低点向下说明方向非常明确。MACD 指标的低点呈水平方向，说明从指标的角度来看，方向感并不强。价格有方向，指标没方向，这其实也是一种背离情况。标准的背离形态是价格方向与指标方向不一致。而现在价格有方向，指标没方向其实也是一种方向不一致的表现，虽然这是一种背离形态，但这种形态比较少见。

下面结合苹果 2105 合约案例进行说明。图 5-16 所示为 2021 年 3 月 22 日苹果 2105 合约 1 分钟 K 线走势图。

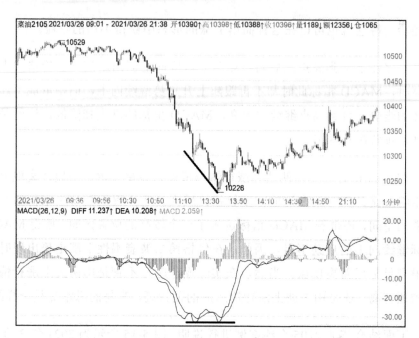

图 5-15

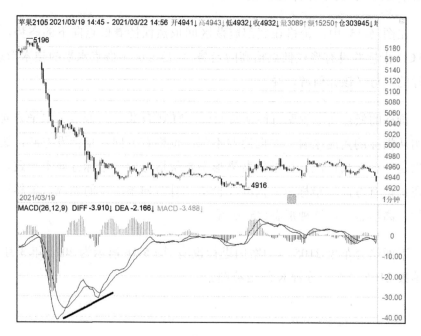

图 5-16

在图 5-16 中，开盘后价格便出现了大幅下跌的走势，并且产生了不小的跌幅。从第一波下跌的走势可以得出这样的结论：第一波下跌严重，很容易形成两波下跌走势，从而出现底背离。

在第二波下跌行情出现时，MACD 指标果然形成了低点抬高的走势。价格的低点向下，指标的低点向上，一下一上方向完全相反，这便是经典的底背离现象。那么，在底背离形态出现之后，价格是不是就见底了呢？

绝对不能这样认为，之所以称其为底背离，是因为在这种技术形态出现后，价格的下跌的确会停止，并且形成一个重要的低点。但在底形成后价格可能会上涨，也可能原地不动，之后继续下跌。在这三种情况中，价格都将会暂时停止下跌，因此，称其为底背离，但绝不可以与见底上涨划上等号。

下面结合纸浆 2105 合约案例进行说明。图 5-17 所示为 2021 年 3 月 16 日纸浆 2105 合约 1 分钟 K 线走势图。

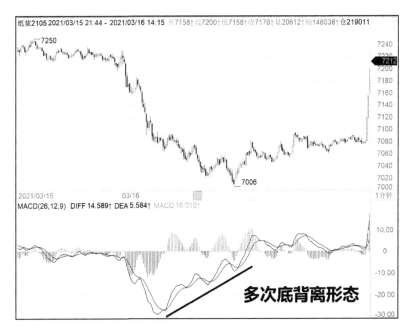

图 5-17

在图 5-17 中，价格整体保持着低点不断向下的走势，同时，MACD 指标同一时间保持着低点不断向上的形态，一个向下一个向上，很明显这是标准的底背离形态。

但这个底背离形态的形成过程与之前底背离形态的形成过程有很大的差别。在之前底背离形态形成过程中，MACD 指标只有一个背离现象，即 MACD 指标只形成了一个降低的高点，或者一个抬高的低点。而在本案例中，MACD 指标形成了多个抬高的低点，这就是多次底背离的形态。

多次底背离形态与单次底背离形态对价格波动的提示没有谁成功率更高的区别。以抄底操作为例，多次底背离形态需要有几次止损行为，而单次底背离在形态形成之后价格会直接见底反弹。因此，多次底背离形态其实增加了操作的麻烦。但在价格的波动过程中，没有任何信号可以告知投资者这次的底背离到底是单次背离还是多次背离。当碰到单次背离时不必止损，当碰到多次背离时虽然也会有几次亏损，但不必担心，因为在严格止损纪律的前提下只会小幅亏损，一旦价格筑底成功，哪怕不是反转只是一波反弹也足以让投资者扭亏为盈了。

下面结合液化气 2105 合约案例进行说明。图 5-18 所示为 2021 年 3 月 29 日液化气 2105 合约 1 分钟 K 线走势图。

在图 5-18 中，价格经过了较长时间、较多波数的下跌之后，在低点形成了底背离的现象。持续不断的下跌带动着 MACD 指标到达了很低的位置，也达到了本轮下跌指标数值的极限，在指标跌无可跌的情况下只能转头向上，但价格在此时却还没有结束下跌，从而形成了指标向上而价格向下的背离走势。

从图 5-18 中来看，这是一个多次背离的底部形态，MACD 指标经过两次低点抬高之后价格才形成了反弹上涨的走势。若是在第一次反弹时入场进行做多操作，当价格连续向下创出新低时，就需要进行止损操作了。

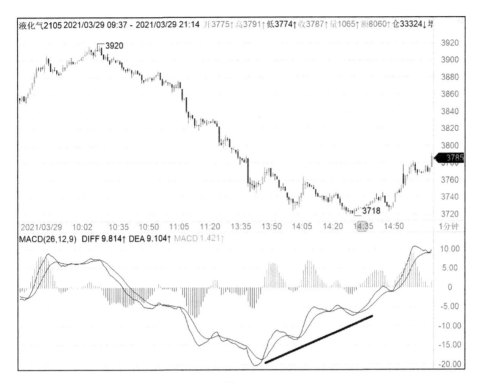

图 5-18

抄底本身就是这样的，有的底一次就能抄成功，有的底则可能需要两三次才抄成功。一定要保持这样的心态：虽然第一次抄底失败了，但这次的失败意味着离真正的底部更近了！抄底失败亏的只是小钱，而一旦形态成功赚取的收益就会是亏损的数十倍。因此，在第一次底背离形态形成时，应当进行抄底操作，只要代价不大就完全不必担心会形成多次背离形态。

下面结合锰硅 2105 合约案例进行说明。图 5-19 所示为 2021 年 3 月 29 日锰硅 2105 合约 1 分钟 K 线走势图。

在图 5-19 中，价格于高点形成了复合式顶背离形态。在第一个 MACD 指标的峰值处，有了一个高点降低的技术形态，只不过这一次的顶背离只导致了价格的中途调整。由此处的案例也可以看到：虽然 MACD 指标的高点降低与价格的高点向上这种现象被称为顶背离，但并不见得只要这种技术形态出现，价格就一定是顶部，也有可能只是上涨的中途。但是，价格在上涨过程中的暂时停止肯定是要出现的，这才是将顶背离视为是多单风险信号的真正原因。

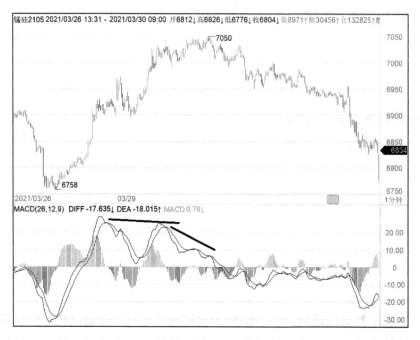

图 5-19

在经过了一波上涨行情之后，真正的顶部才到来，MACD 指标有两个高点形成了降低的态势，直到第二个降低的高点出现之后，价格才达到了最高点。由于在顶背离形成之后价格并不一定是见顶回落，还有可能是中途的调整，所以，在顶背离形态出现之后，首先要做的就是平仓手中的顺势多单，而后根据其他的市场信息决定是否进行摸顶操作。虽然在摸顶操作中出现 MACD 指标顶背离的现象是必不可少的，但这不意味着只要有 MACD 指标顶背离现象就可以摸顶。

一定要牢记 MACD 指标顶背离形成之后价格的三种表现：（1）见顶回落；（2）在趋势的中途有大调整；（3）在高位强势震荡，拒绝下跌。不管是哪种走势，这三种表现都有一个共性：价格的上涨会暂时停止。因此，它对多单的确是有风险的，但并不一定就是空单的机会。

　　下面结合棕榈 2105 合约案例进行说明。图 5-20 所示为 2021 年 4 月 1日棕榈 2105 合约 1 分钟 K 线走势图。

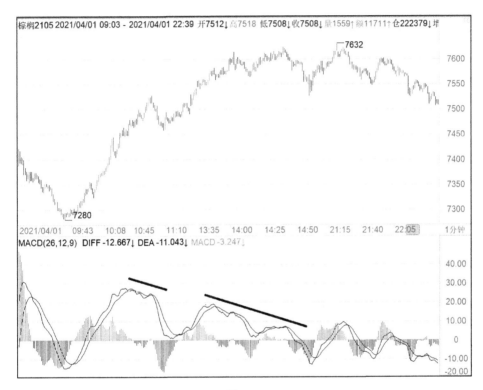

图 5-20

　　在图 5-20 中，价格形成了较大幅度、多波上涨的走势，上涨的形态越复杂，就越有可能出现多次的顶背离形态。

　　在第一轮上涨结束的高点区间中，MACD 指标形成了一个降低的形态，这是第一次的顶背离。在价格上涨了一轮之后，MACD 指标又形成了几次高点降低的态势，但从图 5-20 来看，如果在价格上涨的中途见到 MACD指标最高点，那后期的价格高点都是不断抬高的。若是见到顶背离就去摸顶做空，那么肯定是会亏损的。MACD 顶背离是摸顶的必要条件，但绝不是唯一条件。

就抄底与摸顶而言，MACD 指标的底背离提示效果比顶背离效果要更好。市场中标准的底背离形态随处可见，但标准的顶背离形态却并不多见，许多顶背离形态都有或多或少的变形。在实战操作时，顶背离主要用来平仓多单，而底背离现象除了可以指导平仓空单外，还可以指导抄底。底好抄，因为底是实的，是由硬性成本构成的；而顶难摸，因为顶是虚的，是由人气、投资者预期及资金推动的。

顶背离与底背离现象对投资者最大的帮助莫过于：它可以在一个新的趋势形成之前就向投资者发出信号，这是其他任何指标所不具备的。其他的指标只能做到及时地追随趋势，而 MACD 指标的顶背离与底背离现象却可以做到提前告之，这就为投资者提前做好准备提供了技术上的强力支持！

5.5 MACD指标力度的判断

MACD 指标不仅可以提示投资者价格的顶部区间与底部区间的所在，还可以反映价格涨跌的力度变化。在对价格涨跌力度进行判断时，需要使用 MACD 指标柱体。

对 MACD 指标柱体的分析，可以是临近两波涨跌行情之间的对比，也可以是跨越了较长时间两波涨跌行情之间的对比，还可以是完全相反方向的行情对比。MACD 指标柱体对于投资者研究当前行情的涨跌幅度与历史行情的涨跌幅度之间的关系有着极大的帮助作用！

如果当前涨跌走势柱体长于之前的涨跌行情的柱体，则表示当前行情的涨跌幅度必会超过之前行情的涨跌幅度。

如果当前行情的涨跌走势柱体跟之前行情的涨跌柱体长度一致，则之前的行情有多大的波动幅度，当前的行情也将会有同样的涨跌幅度。

如果当前行情涨跌走势柱体短于之前行情涨跌走势的柱体，则说明行情力度出现了减弱，之后行情的涨跌幅度会变小。所以，应当见好就收，不宜有太高的收益预期。

以上是同方向行情的对比，可以是临近两拨行情之间的对比，也可以是当前行情与历史行情进行对比。比如当前行情柱体的数值为 10，那就先看一看历史上哪一波行情柱体数值达到了 10，然后看一下这波行情已经有多大的涨跌幅度，接着用历史行情的涨跌幅度与当前行情的涨跌幅度做一个对比，这样就知道两者在幅度还有多大差异了。如果即将达到历史行情的涨跌幅度，则要留意平仓了；如果距离历史行情的涨跌幅度还有很大的差距，则可以继续持仓。

还可以对相反方向的两种走势进行对比，比如在下跌时柱体参数值是 15，价格下跌了 100 元；而在上涨时柱体参数值是 20，那么此时价格上涨肯定会超过 100 元，如果现在只涨了 80 元，那么投资者可以继续持仓，价格还有上涨空间。反方向对比可以是临近行情的对比，也可以是上涨行情跟历史上的下跌行情的对比。

下面结合橡胶 2105 合约案例进行说明。图 5-21 所示为 2021 年 4 月 8 日橡胶 2105 合约 1 分钟 K 线走势图。

在图 5-21 中，价格在下跌初期走势比较温和，MACD 指标柱体在下跌初期并没有变得很长，这说明初期的下跌比较含蓄，这样的下跌没有任何透支未来空间的迹象，因此，可以用积极的心态迎接反弹之后进一步的下跌。

在主要的下跌波段形成时，MACD 指标柱体开始明显变长，并且是之前柱体的两倍还多，这说明价格下跌的力度开始增强。在 MACD 指标柱体增长、价格下跌力度增强时，投资者应当耐心地持有手中的空单，不宜过早地止盈平仓出局。

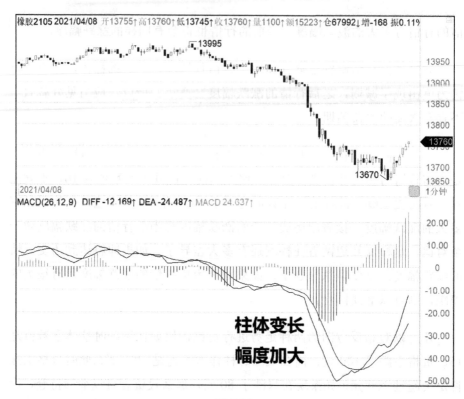

图 5-21

在实际操作过程中，还可以关注一下 MACD 指标柱体的变长的比例。在本案例中，主跌浪 MACD 指标柱体是之前柱体长度的两倍，那么可以认为当前下跌的幅度约是前一波下跌幅度的两倍，这样就比较容易算出大致的收益情况。若价格没有跌到位，则可以继续持仓；而一旦价格下跌到位，只要有平仓信号就赶紧减仓或者清仓。

下面结合甲醇 2105 合约案例进行说明。图 5-22 所示为 2021 年 4 月 6 日甲醇 2105 合约 1 分钟 K 线走势图。

在图 5-22 中，在价格低点震荡上涨的过程中，MACD 指标的柱体都比较短，这说明多方的力量并不强，上涨的幅度也必然不会太大。因此，在持仓时只要发现 MACD 指标的柱体较短，就需要主动地降低收益预期，而不宜盲目乐观。

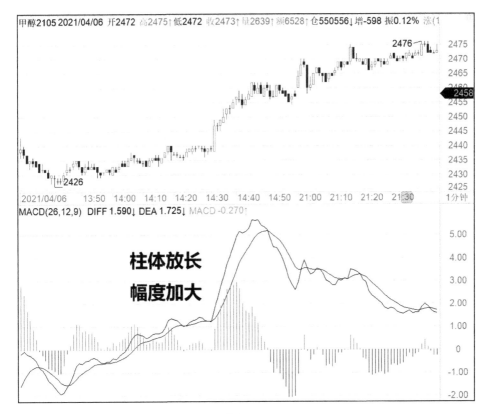

图 5-22

价格在低位震荡爬行一定的幅度后，随着第一根大阳线的出现，形成了加速上涨的走势。在价格快速上涨时，MACD 指标的柱体也开始变长。从柱体的角度来看，价格上涨力度的增强，必然会导致上涨幅度的加大。如果 MACD 指标的柱体是之前上涨行情时指标柱体两倍，那该如何制定收益预期呢？最简单的方法就是，将之前的行情价格上涨的数值直接乘以 2。从图 5-22 来看，主升浪的上涨幅度的确是之前行情上涨幅度的两倍。

MACD 指标柱体放长是价格波动过程中常见的现象。柱体放长一般在价格上涨过程中的中位和低位出现，在高位很少这种现象。MACD 指标柱体放长，可以及时提示投资者获利幅度会加大，还可以通过放长的比例帮助投资者估算出大致的盈利情况，以及在价格还没有上涨到位前就知道可能会盈利多少。

下面结合 PTA2105 合约案例进行说明。图 5-23 所示为 2021 年 4 月 8 日 PTA2105 合约 1 分钟 K 线走势图。

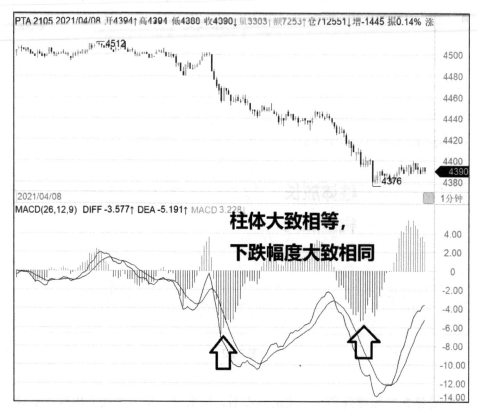

图 5-23

在图 5-23 中，在价格第二轮下跌时，MACD 指标柱体的数值为-6，此时可以以该数值或者 MACD 指标柱体的长度作为参照物，对比出未来行情的力度变化。如果未来行情力度增强，则收益预期可以提高一些；如果行情力度减弱，则收益预期就可以降低一些。

在本例案中，两轮下跌行情的 MACD 指标的柱体相差并不太多：在第一轮行情中 MACD 指标柱体的数值约是-6，第二轮行情中 MACD 指标柱体的数值也非常接近-6。这反映在价格波动上是大约 10%的差异，比如第一轮价格大约下跌 60 元，那么第二轮价格大约下跌 54 元。

　　在柱体放长的情况下，价格的下跌幅度将会加大；而在柱体基本等长的情况下，之前一轮的下跌幅度与当前一轮下跌的幅度就会接近。很容易就做出这样的分析结论。此时，价格往往距离目标点位还有一定的距离，从而可以提前提示投资者如何正确持仓。

　　下面结合豆油 2105 合约案例进行说明。图 5-24 所示为 2021 年 4 月 7 日豆油 2105 合约 1 分钟 K 线走势图。

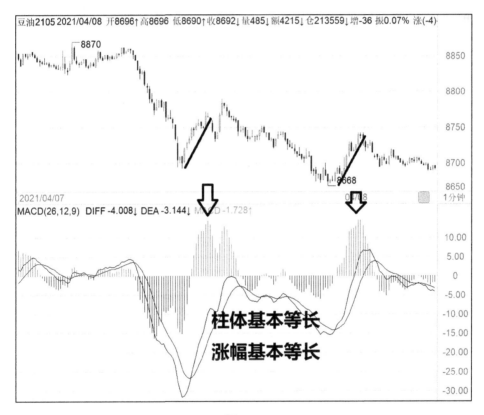

图 5-24

　　在图 5-24 中，在一轮大力度下跌行情过后，价格开始反弹，因为这是第一轮的反弹，所以此时 MACD 指标柱体的长度就可以对后面的价格波动起到参照的作用，从而帮助投资者推算出未来出现上涨行情时的高度。

又经过一轮下跌之后价格再次反弹，在反弹的过程中，MACD 指标的柱体的最高点处与之前的柱体基本等长了。一旦发现两者的柱体等长，并且柱体有缩短迹象时，则必须测量一下之前行情的反弹上涨高度。一旦当前反弹的上涨幅度与前一轮反弹的上涨幅度一致，则手中有多单的投资者就需要考虑止盈离场了。而如果想要顺势做空，则可以考虑逢高入场。

从图 5-24 右侧的数据来看，前一轮反弹上涨了大约 90 元，而第二轮反弹大约也上涨 90 元，再一次说明 MACD 指标的柱体长度一致，代表上涨力度一致，而上涨力度一致则上涨幅度也将高度一致。知道了这个规律后，就可以知道在价格上涨中途或者上涨到高点还未下跌之前能不能继续持仓了。MACD 指标的顶底背离，可以提前告诉投资者未来的价格趋势方向；而 MACD 指标柱体长度的变化，可以在价格下跌之前告诉投资者能否持仓。所以，MACD 指标真的是获利的好帮手。

下面结合燃油 2105 合约案例进行说明。图 5-25 所示为 2021 年 4 月 7 日燃油 2105 合约 1 分钟 K 线走势图。

图 5-25

通过对比 MACD 指标柱体，不仅可以对同方向相邻的两波行情进行对比，还可以对反方向的走势进行对比。比如，可以将下跌的走势与上涨的走势地行对比。虽然趋势方向不同，但其原理是一样的：谁的力量更大，谁的幅度就会更大。

在图 5-25 中，在一波上涨行情结束之后，价格开始下跌。当价格上涨时，MACD 指标的柱体超过了之前下跌走势的柱体。因此，这一波上涨行情的涨幅超过了之前所有的下跌幅度。而当下跌走势出现时，MACD 指标的柱体长度则超过了上涨时的柱体长度。这说明下跌行情的力度大于上涨行情的力度，那么，下跌的幅度自然也会大于上涨的幅度。虽然趋势方向不同，但力度的变化是与方向无关的。

从图 5-25 中的走势来看，下跌时的 MACD 指标柱体是上涨时柱体的两倍，由此可以计算出：下跌的幅度是上涨幅度的两倍。这个分析结论并不是在价格下跌的初期得出来的，而是在下跌的中后期得出来的。虽然此时价格已经跌了一大段，但通过幅度的测算可以判断当前价格是否下跌到位。若下跌幅度已达到上涨幅度的两倍，则做好随时出局的准备；若下跌幅度并未到达上涨幅度的两倍，且还有一定的空间，则可以继续持仓。

下面结合短纤 2105 合约案例进行说明。图 5-26 所示为 2021 年 4 月 7日短纤 2105 合约 1 分钟 K 线走势图。

在图 5-26 中，在价格下跌时，先形成了柱体等长的走势，可以看到，第二波下跌与第一波下跌的空间相差并不大。而在第三波下跌时，柱体明显变长，一旦柱体超过前两波下跌的柱体，则可以马上得出这样的结论：第三波的下跌幅度将会超过前两波。如果此时价格的跌幅已经超过了前两波，则要做好随时出局的准备；而如果现在跌幅并没有超过前两波，则可以继续持仓。

在下跌结束之后价格出现了连续反弹的走势，在反弹过程中，MACD指标的柱体长度超过了下跌时的柱体长度。不管是上涨走势还是下跌走势，柱体变长都说明一点：力度有所加大。力度加大则意味着价格上涨的幅度将加大。

在反弹上涨的中期阶段，MACD 指标的柱体长度已经超过了下跌时的柱体长度，这意味着价格极有可能会吃掉第三波下跌行情的全部空间。因此，只要没有向上吃掉第三波下跌行情，就要坚定地持仓，不能轻易出局。

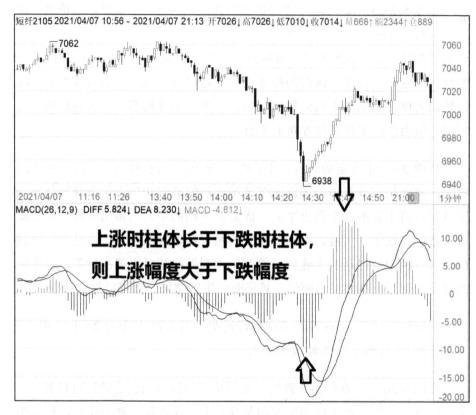

图 5-26

下面结合焦炭 2105 合约案例进行说明。图 5-27 所示为 2021 年 3 月 31 日至 4 月 7 日焦炭 2105 合约 1 分钟 K 线走势图。

通过 MACD 指标可以对比相邻的两波上涨行情或下跌行情，也可以对比相临的方向完全相反的行情。无论价格的波动是什么方向，价格都与力度无关。方向决定价格往哪走，但力度决定价格能走多远、多快。所以，一定要将方向与力度分开看待。

　　除可以对比相临的行情外，MACD 指标的柱体还可以对比跨越时间的行情，即拿当前的数据跟历史上的任何数据进行对比，这是其他指标所不具备的特点。在图 5-23 中，MACD 指标的柱体形成了一个较高的数值状态，这一波的行情上涨了 50 元，那么，此时的价格是否已经上涨到位了呢？压缩一下 K 线图便可以发现问题。

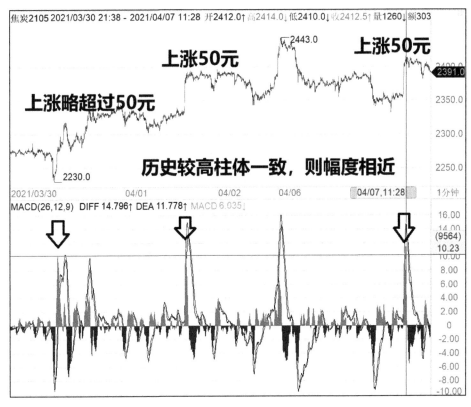

图 5-27

　　从图 5-27 下半部分来看，历史上总共在三处位置 MACD 指标的柱体长度是一样的。找到一样长的指标柱体之后就可以进行对比分析了：在第一处价格上涨了 50 多元，在第二处价格也上涨了 50 元，而第三处（当前位置）价格已经上涨了 50 元，这样就可以知道当前的价格上涨已经达到了目标位，不宜再高估未来的上涨空间，一旦有出局信号就需要马上离场。

虽然不能在价格上涨的初期就得到上一段中的分析结论，但却完全可以在下跌行情到来之前，在利润开始回吐之前就做出正确的判断，这样到手的利润便不可能轻易交还给市场了。

下面结合液化气 2105 合约案例进行说明。图 5-28 所示为 2021 年 4 月 6 日至 8 日液化气 2105 合约 1 分钟 K 线走势图。

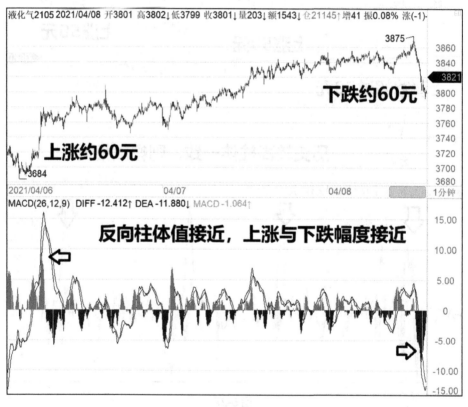

图 5-28

在图 5-28 中，要进行对比的是相反方向的走势，但这并不是最重要的，最重要的是对比当前下跌时的力度变化与历史上上涨时的力度变化。行情趋势方向完全不同，时间跨度也很大，但 MACD 指标的柱体长短情况却依然可以给投资者提供巨大的帮助。

从当前下跌的走势来看，MACD 指标柱体的长度大约是–9，它是近一段时间最长的柱体。在实际分析过程中要注意：只有足够长的柱体才具备横向或者纵向对比的价值；如果柱体很短，则没有任何对比的价值。在 MACD 指标柱体有了较大的负值之后，就要看历史上有哪波行情的正值在 9 左右，在找到了这一波上涨行情后，就可以对上涨空间进行测量了。

对历史上那次 MACD 指标的柱体值达到 9 的上涨行情进行测量后发现，价格在那一轮行情中上涨了 60 元。由此便可以判断，如果两波行情的柱体一样长，那么当前这波行情的下跌也将会跌 60 元。所以，当下跌已经接近 60 元时，就需要做好随时止盈出局的准备了。

MACD 指标柱体长度反映了价格力度，而价格力度不受时间、方向的影响。掌握了这个方法，在持仓时就能够占据主动，可以在利润开始回吐之前就做出最正确的判断，即不会少赚，也不会大幅度回吐。这样完美的操作只需要一个 MACD 指标即可。

5.6　布林线指标的机会区间与停顿区间

布林线指标是一款通道类指标，它可以反映价格的涨跌方向、支撑位与压力位等，反映的市场信息是非常全面的。相比趋势类指标，它对实战的帮助作用更大。所以，笔者建议各位读者朋友掌握使用该指标的技巧。

价格有波动激烈的时候，也有波动平缓的时候。在价格波动激烈时，投资者不管是进行持仓操作还是激进地入场开仓交易，都可以在短时间内获得不错的收益。而在价格处于波动平缓时，虽然不能快速地带来较大的收益，但此时却往往蕴含着下一次交易的机会，这是价格波动暂时停顿的区间，也是投资者的决策区间。因为价格不可能一直保持停顿状态，在停顿过后总会出现大一些的波动，因此应该在停顿区间入场，当大波动来临时自然更容易获得收益，毕竟在这个区间介入，成本是最为理想的。

将这个思路代入布林线指标中便可以看到：当价格处于大幅波动状态时，布林线上轨线与下轨线保持着较宽的状态，通道较宽说明价格波动剧烈程度较大。在这个区间中，投资者积极寻找买点入场或者坚定地进行持仓操作都会获得很不错的收益。而当价格波动变缓、涨跌走势处于停顿状态时，布林线指标的上轨线与下轨线之间的距离就会变窄，通道较窄意味着停顿的延续。虽然在这个区间中价格波动较小，无法带来较高的盈利，但却是入场的大好时机，一旦后期价格开始剧烈波动，由于介入的价格非常低，因此收益就是巨大的。

在价格处于停顿状况、布林线指标收窄状态下介入，则可以在布林线指标通道变宽时大获丰收。掌握了这个规律，就踏准了行情的节拍点，获利也就是非常轻松的事情了。

下面结合苹果 2105 合约案例进行说明。图 5-29 所示为 2021 年 4 月 8 日苹果 2105 合约 1 分钟 K 线走势图。

在图 5-29 中，价格在开盘后形成了较长时间的震荡走势，看似这个区间的波动没有什么规律，但若结合昨日尾盘的走势来看，就可以发现机会。

将昨日收盘前的上涨与当天开盘后的震荡结合在一起看便可以发现：开盘后价格的震荡属于多头震荡，因为它在一轮上涨行情之后。虽然价格较长时间没有上涨，但由于波动的低点始终位于布林线指标下轨线的上方，多头形态保持完好，并且布林线指标中轨线也始终没有转头向下，因此，多头震荡的性质是非常清晰的。

在确定了价格的波动性质之后，再加上不断收窄的布林线指标通道，便可以得出这样的结论：价格当前处于停顿状态，由于波动是多头性质，因此，可以在价格窄幅波动的过程中入场做多，这样就可以捉住价格后期再度上涨的行情。指标窄幅波动意味着下一轮机会的到来，而一旦布林线指标通道由较窄的状态开始放宽，则意味着持仓机会的到来，只要通道没有收窄的迹象，价格的宽幅波动就必然会不断地延续。

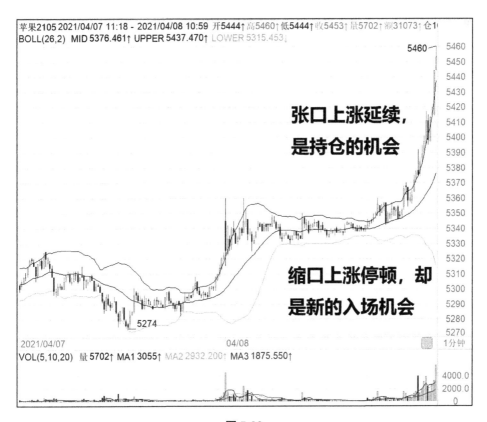

图 5-29

下面结合苯乙烯 2105 合约案例进行说明。图 5-30 所示为 2021 年 4 月 2 日苯乙烯 2105 合约 1 分钟 K 线走势图。

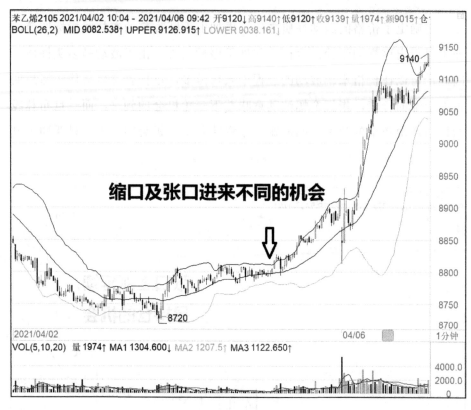

图 5-30

在图 5-30 中，在价格见底之后随着波动重心的不断被抬高，布林线指标中轨线随之由下降趋势转为上升趋势。中轨线运行方向的改变，意味着操作方向的改变。在中轨线形成上升趋势时，投资者必须寻找机会积极进行做多操作。

在价格上涨的中途，随着价格波动幅度的减小，布林线的上轨线与下轨线不断靠近，通道形成连续收窄的状态，这意味着上涨停顿的到来，虽然在这个区间中无法产生新的收益，但却是建仓或者加仓的大好机会。虽然布林线指标通道收窄了，但是中轨线却始终保持着向上的状态，多头震荡迹象非常明显，此时，价格后期的震荡中轨线向上的可能性会变大。

在布林线指标通道收窄保持了一段时间后，价格开始上涨，从而使得布林线指标通道不断变宽。指标通道收窄是入场好时机，而通道变宽则是持仓的大好机会。哪怕第二天就形成低开局势，但由于中轨线向上并且布林线指标通道较宽，所以，价格波动幅度并不会减小，而且受中轨线向上方向的影响，价格继续上涨的概率会很大。

下面继续结合橡胶 2105 合约案例进行说明。图 5-31 所示为 2021 年 4月 8 日橡胶 2105 合约 1 分钟 K 线走势图。

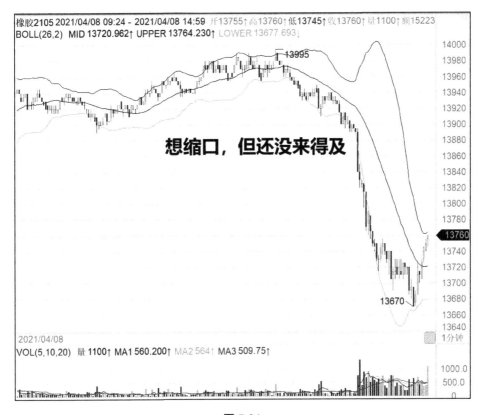

图 5-31

在图 5-31 中，随着第一轮价格下跌的开始，布林线指标中轨线由上升趋势转变为下降趋势。在之前中轨线向上时，投资者应当积极地进行做多操作；而中轨线转变成向下的趋势，自然要随之进行做空操作。怎样正确地顺势而为呢？其实很简单，只要顺从布林线指标中轨线的方向进行操作就可以了。

在第一波下跌之后价格形成了反弹的走势，下跌的走势刚刚有所停顿，很快就又继续跌了下去。这是一种特殊的走势，布林线指标上轨线与下轨线想要形成缩口，但彼此并没有靠得很近，所以受到价格下跌的影响又继续保持着放宽的态势。这样的走势对于持仓的投资者来说是非常有利的，因为价格的走势停顿对持仓造成的干扰会减少，很容易获得一大波的收益。

但布林线指标上轨线与下轨线这种想缩口但还没来得及缩口的形态，对于场外的投资者来说却非常难受，因为价格反弹的时间非常短，形态并不规则，想在反弹区间中进行做空操作是没有机会的，对于这种形态，可以使用突破的手法进行操作。

这种形态的决策思路是：第一波价格下跌奠定了比较好的下跌基础，因此，应该在趁布林线指标通道收窄、价格处于暂时停顿状态时进行操作，在布林线指标通道有收窄迹象时做好入场的准备。

下面结合乙二醇 2105 合约案例进行说明。图 5-32 所示为 2021 年 4 月 8 日乙二醇 2105 合约 1 分钟 K 线走势图。

在图 5-32 中，在价格下跌的过程中，布林线指标先后两次形成了下跌停顿的走势。在每一次停顿走势出现之后，布林线指标通道都会随着价格的下跌而重新变宽，价格的波动不断延续着"收窄-放宽"的循环。那么，在这两次下跌的停顿期间是不是都可以进行做空操作呢？

在第二次价格停顿时，布林线指标中轨线形成了明显的收窄迹象，相比最宽处收窄了 50%左右，这说明通道的收窄是合格的。同时，布林线指标中轨线在这个区间中始终保持着向下的状态，并没有因为反弹的出现而改变方向。做空方向明确，价格暂时停顿，这完全符合交易的要求。布林线指标通道的收窄区间就是最好的介入区间，这个区间是可以进行做空操作的。

图 5-32

　　在第一次价格停顿的区间中，布林线指标同样也形成了收窄的状态，但这次收窄与第二次收窄的不同之处在于：布林线指标中轨线形成了向上的走势。布林线指标中轨线向上，说明价格的波动类型是偏多的，这时应该找机会进行做多操作，只不过随着价格下跌的延续，多头形态失败了而已。但在多头形态失败后，在价格继续下跌的转折区间中没有标准的入场形态，唯有追空卖点才可以捕捉到机会。所以，对于大多数投资者而言，在第一次停顿区间中其实是很难进行操作的。

　　在停顿区间中，布林线指标中轨线可以是走平的，但最好是向下或者向上的，因为这样就有了明确方向指示。否则，虽然价格形成了停顿，但中轨线的方向却发生了变化，就不能再按原先的方向进行顺势操作了。因此，对于这种变形的形态，最好等新方向确定并稳固之后再找机会操作，而不宜在中轨线转向却没有更多 K 线数据的情况下过早入场交易。

5.7　布林线指标的支撑与压力

所有汲及成本概念的指标，都会对价格的波动产生支撑或压力的作用。分时图中的均价线是最直接的成本指标。均价的计算公式是：当前成交总额除以成交总手数。因此，均价线的支撑与压力作用是非常明显的。其他的趋势类指标虽然并非这样直接地计算，但多少会涉及了一些成本，只不过所涉及的成本大都是以收盘价为取值的，而并不是直接的成本。

虽然以收盘价为取值有所偏差，但从较长的周期来看，这个偏差会被平均，也算较为接近市场的真实成本。因此，以收盘价为取值的趋势类指标对价格的波动也能产生支撑与压力的作用。

有许多人使用支撑与压力时都用错了，支撑与压力怎么用呢？请牢记：在上升趋势中只看支撑，如果支撑撑不住了，则上升趋势就会有转势的可能；在上升趋势中不要看压力，因为任何压力最终都要被突破；同理，在下降趋势中不要看支撑，只要下降趋势形成，任何支撑都是非常脆弱的，下降趋势中的压力才是关键。

使用布林线指标分析支撑与压力方法为：

（1）上升趋势中看布林线指标中轨线或下轨线的支撑，若中轨线失守了也不要紧，只要下轨线能够撑住，多头形态就依然存在，价格仍然具有进一步上涨的潜力；但若下轨线的支撑失守了，那上升趋势就有可能被终结。

（2）在下降趋势中要看中轨线与上轨线的压力，压力位越低则价格的空头性质就越明显。如果中轨线没压住也没事，只要上轨线压住了，那空头形态就算是完好无损的，价格依然有继续下跌的可能性。

在具体使用时，在上升趋势中，布林线下轨线的支撑是否失守是最值得关注的；在下降趋势中，上轨线的压力能否发挥作用也是最关键的。在上升趋势中，中轨线是起支撑作用的第一道防线，下轨线是最后一道防线；在下降趋势中，中轨线是起压力作用的第一道防线，上轨线是最后一道防线。

下面结合苯乙烯 2105 合约案例进行说明。图 5-33 所示为 2021 年 4 月 8 日苯乙烯 2105 合约 1 分钟 K 线走势图。

在图 5-33 中，价格出现了一轮下跌走势，在下跌的过程中出现了各种样式的压力形态。

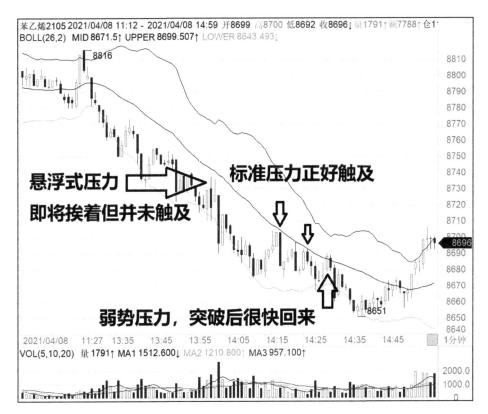

图 5-33

在价格下跌中途，K 线的上影线距离布林线指标中轨线较近，但两者还有一些距离，这种压力现象其实是最强劲的悬浮式压力。其技术特征是两者看似将要相交但实际并未接触到。在价格下跌的过程中，压力位置越低，则空头迹象就越明显。所以，悬浮式压力其实是最强的压力现象，但这种走势却很难进行操作。K 线的上影线与布林线指标中轨线并未相交，也就无法决策具体在哪个点位入场。

在下跌的末期阶段，K 线的高点正好与布林线指标中轨线重合，两者正好接触，这就是大多数投资者所说的压力位，即通常意义上的压力现象。在出现这种现象时虽然有成功开仓的机会，但有时也不一定能成交。比如中轨线压力位是 8690 元，此时以 8690 元挂单就不一定能成交。

还有一种压力现象是弱势压力：中轨线并没有完全压住价格，价格向上突破了中轨线，但很快又重新跌了回来，只是短暂的突破现象。在这种走势中，当价格触及中轨线时是完全可以开仓成功的，因为价格突破了压力位，以压力位价格进行开仓肯定是可以成功的。

下面继续结合塑料 2105 合约案例进行说明。图 5-34 所示为 2021 年 4月 8 日塑料 2105 合约 1 分钟 K 线走势图。

在图 5-34 中，第一次的压力是标准形态的压力，K 线的高点正好与布林线指标中轨线相接触。价格到达压力位便回落，的确是标准形态的压力走势。但在实际操作时，能不能顺利开成仓就不好说了。而后面的压力形态则可以全部成功开仓，因为价格都小幅度地越过压力位。由此可见，小幅度越过压力位也并不都是坏事，这可以确保开仓成功，而如果价格延续下跌则开仓才能够盈利。

第一次的压力属于中轨线压力，这是价格下跌后反弹时的第一道压力。如果在这个位置能够压住价格，则后期延续下跌的概率是极大的。在第二次价格反弹时越过了中轨线，但距离上轨线还有一些距离，此时是上轨线的悬浮式压力。只不过此时布林线指标中轨线与上轨线的距离并不是很远，所以，以中轨线压力处的价格进行开仓是没有问题的，但若中轨线与上轨线的距离较远就不能这样操作了，需要另外设计合适的介入点。

图 5-34

在价格下跌行情结束之后会再次反弹，并且 K 线向上突破了上轨线的压力位，一旦压力位不能再发挥压制价格的作用，则下跌行情就有可能就此终结，因此，价格向上突破上轨线时，则意味着空头形态的瓦解，就需要将手中的空单全部平掉。

下面结合棕榈 2105 合约案例进行说明。图 5-35 所示为 2021 年 4 月 6 日棕榈 2105 合约 1 分钟 K 线走势图。

图 5-35

在图 5-35 中，价格形成了震荡上涨的走势，对于这种上涨一段就出现调整的走势一定要高度重视。这种波浪形的上涨是一种常见现象，并且这种上涨形态给投资者留下的中途介入的机会非常多，只需要简单地利用中轨线的支撑作用就可以找到合适的介入区间。

在布林线指标中轨线形成上升趋势，并且价格出现了第一波上涨之后，调整随之到来，虽然短线来看回落的速度有点快，但下跌的低点却受到中轨线的强大支撑，中轨线支撑有效地阻止了价格的延续回落。只要发现价格到达支撑区间，并且有重新起涨的迹象，就可以入场进行做多操作。

在第一次中轨线发挥支撑作用时一定要积极操作，因为此时价格的上涨空间还非常大。在第二次中轨线发挥支撑作用时依然可以入场，虽然价格有了两波上涨，但可以期待后续上涨的到来。而当第三次中轨线发挥支撑作用时还可以继续做吗？必须明确此时的支撑是有效的，应当做多，这是技术方法本身的要求。但也要从实际的角度考虑此时价格的位置，价格已处于高位，要慎重入场。所以，即使支撑位能发挥作用，也要看价格所处的位置。

下面结合沪铜 2105 合约案例进行说明。图 5-36 所示为 2021 年 4 月 8 日结合沪铜 2105 合约 1 分钟 K 线走势图。

在图 5-36 中，在价格上涨时虽然中轨线发挥了多次支撑的作用，但这些支撑不是悬浮支撑，就是标准支撑，所以，想成功捉住这种形态的上涨，则还需要配合使用其他的技术方法，否则开仓很难成交。

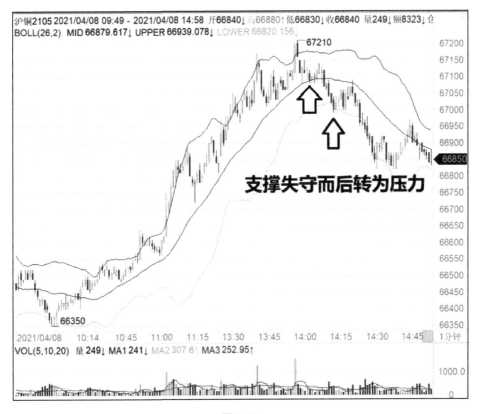

图 5-36

价格到了高位后，先是接触布林线指标中轨线，并且有企稳的迹象，那么此时可以操作吗？显然是不行的，因为价格位置决定一切。介入点只是解决能不能开仓的问题，在图 5-36 中，从左边数第一个箭头处是介入点，但介入点的位置却并不符合实战操作的要求，因此，应当主动放弃对这个点位的操作。

在第二个箭头处，价格向下击穿了下轨线。这是不好的现象，它意味着多头形态遭到了破坏，否则为什么之前中轨线能支撑住价格而下轨线却被跌破呢？所以，下轨线被跌破这个现象说明价格的波动性质被彻底地改变了。当支撑位被跌破之后，其会反转变成压力位，当价格反弹到中轨线时，中轨线便转为强大的压力并促使价格下跌。这就是支撑与压力的相互转换。

5.8　精确的买卖价格提示

任何技术指标都只是用来做分析决策的工具，它们客观、公正、如实地向投资者传达着市场中的信息。而针对所传递出的这些信息，不同的投资者可能会有不同的处理方式，操作方法也是五花八门的。有的人按指标的信号执行操作盈利了，有的人则亏损了。怎样使用指标工具是关键。所以，对盈亏起到决定性作用的并不是工具，而是使用工具的人，投资者一定要正确认识到这一点。

不同的技术指标会有不同的显示效果，有的显示效果会让人感觉平淡无奇，有的显示效果则会让人热血澎湃。其实，这只不过是投资者对指标的提示信息进行"后期加工"的结果不同而已。就实用性而言，笔者认为技术指标都需要进行后期加工，在指标的提示效果更加直观，从而在实际操作时节省大量的交易时间与精力。

笔者早在 2004 年就研制出了属于自己的操盘指标，它属于是趋势类指标，可以有效地跟踪价格的趋势变化，因此将其命名为"趋势监控"。在该指标中，空头性质的波动以绿色的实心指标 K 线显示，多头性质的波动以空心的红色指标 K 线显示。因为书本为黑白印刷，所以在本书中，指标表示为空心 K 线则是做多信号，在指标 K 线第一次变为空心状态时就是入场点（若持续保持空心 K 线状态，那么投资者应当持续持有多单）；指标表示为实心指标 K 线则是做空信号，在第一次形成实心指标 K 线时便是做空的信号（若持续保持实心状态的指标 K 线，那么投资者应当继续持有空单）。

这样一来，不管价格是上涨的还是属于多头性质的震荡，指标都会一直显示为红色，看到红色的指标，做多的投资者就不会因为出现一时的阴线干扰了持有多单的平稳心态。若看到指标 K 线一直是绿色的，那么拿着空单的投资者心里也踏实，不会因为一时出现的反弹阳线而动摇看空的信心。

指标工具的作用有两个：一是规范投资者的交易行为，二是简化分析与决策的流程。笔者在 2004 年出版的投资图书中就已经为读者介绍过这款指标了。现在市场中类似笔者这种按照红色与绿色标注多空功能的指标已经有很多了，但笔者这款指标还有一个功能，即价格提示功能，该功能是其他同类指标所没有的。下面向大家介绍一下价格提示功能的巧妙之处。

下面结合热卷2105合约案例进行说明。图5-37所示为2021年热卷2105合约日 K 线走势图。

在图 5-37 中，价格整体上形成了一轮单边上涨的行情。面对这样简单结构的行情，任何趋势类指标都可以发挥不错的提示作用，哪怕是普普通通的移动均线也可以让投资者捉住行情。在这种行情中，笔者的趋势监控指标自然也会有非常好的表现。

从图 5-37 中来看，趋势监控指标长时间保持空心的状态，想要捉住全部的上涨空间也不容易，但捉住 90%的上涨波段还是非常轻松的，使用工具可以比自己胡乱分析更有效果。

在价格上涨的中途，有多次入场的机会，但具体应该在哪个点位入场呢？有了价位提示功能就很容易判断了。既然是上升趋势，那么可以舍弃掉所有的多单，只关注指标翻红的买点即可，从图 5-37 中来看，只要价格调整结束，指标 K 线就会给出一个具体的做多价格，它不仅告诉你该在那根 K 线上操作，还会告诉你具体的介入价格，是不是很省心？

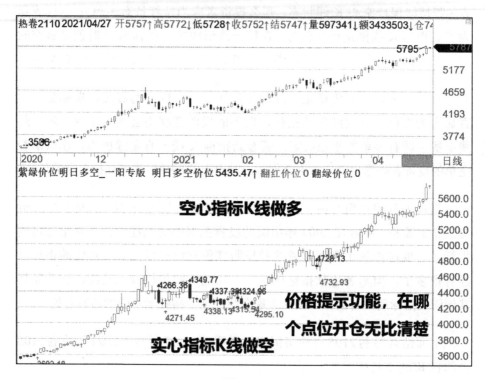

图 5-37

下面继续结合锰硅 2105 合约案例进行说明。图 5-38 所示为 2021 年锰硅 2105 合约日 K 线走势图。

大家看到图 5-38 中的指标数据可能会问：为什么趋势监控指标不是整数？为什么包含角和分？期货的价格可没有角和分啊。因为这个指标是笔者在 2004 年所研究出来的，一直使用至今，那时在股票市场中是包含角、分的。现在为了可以在股票市场与期货市场中都运用该指标，所以，指标中的角和分就保留下来了。

在图 5-38 中，价格没有形成单边上涨的走势，而是形成了宽幅震荡的走势，这样的走势最考验指标的有效性。从图 5-38 来看，在价格上涨的初期及下跌的初期，指标都及时地给出了提示的信号：在第一次形成空心 K 线时提示做多；在第一次形成实心指标 K 线时提示做空。

图 5-38

仅仅知道在哪根 K 线上进行操作是不行的，因为一根 K 线也有很多介入点，介入点不同会让投资者的介入成本有很大的差距。所以，必须给出具体的介入点，这样才能使实战操作的行为更加规范。从图 5-38 中指标的表现来看，在指标每次给出做多或做空信号时，也给出了一个明确的介入价位。

下面结合苹果2105合约案例进行说明。图5-39所示为2021年苹果2105合约日K线走势图。

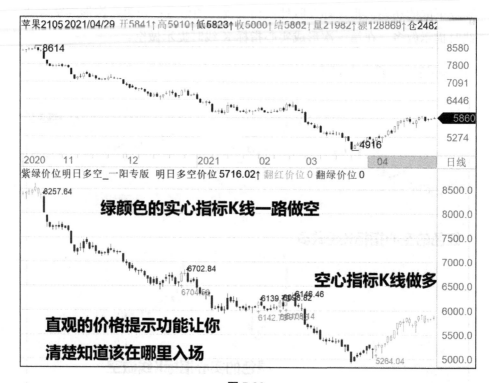

图 5-39

在图5-39中，价格形成了单边下跌的走势，技术形态很简单，投资者的操作难度不大。面对这种走势，不管使用什么方法都可以实现不错的收益。

对于投资者来说，操作有三个重要环节：在什么点位入场，该如何持仓，在什么点位止盈出局。这三个环节中的任意一个环节，都会影响投资者的获利效果。从图5-39中的走势来看，指标第一次形成的实心K线就是介入点，若行情持续保持实心K线，则投资者就应该一直持有空单。什么时候行情形成了空心指标K线，则投资者就应该止盈离场。这样，什么时候入场做多、怎样持仓、怎样出局就都不是问题了。

K 线的翻红或者翻绿只是提示应该在这根 K 线上进行操作，而价位提示功能则更进一步精确地告诉投资者应该在什么点位入场。价位提示不仅给出了精确的入场点，更可以对交易行为进行精准控制，让投资者做到进则有据、退亦有序。

下面继续结合苹果 2110 合约案例进行说明。图 5-40 所示为 2021 年苹果 2110 合约日 K 线走势图。

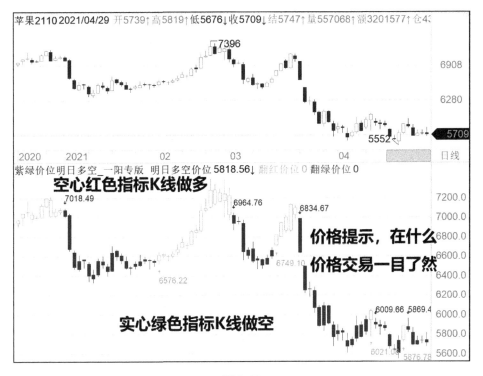

图 5-40

图 5-40 与图 5-39 的走势很不一样，在图 5-39 中走势是单边下跌，而在图 5-40 中走势是震荡下跌，从两个图来看，不管是单边下跌还是震荡下跌，趋势监控指标的提示效果都很好，比投资者主观分析要好很多。

在价格刚刚上涨第一次形成空心 K 线时，有精确的买入价格提示，投资者可以据此价格设定介入点。如果在发现入场机会时最新成交价已经远离该价格，则应放弃该入场机会；如果最新价格与指标提示价格相距不远，则可以积极地入场进行操作。而当指标 K 线形成实心做空信号时，则可以按提示的做空价格，执行平多单及入场做空的操作。

趋势监控指标可以免费赠送给投资者，具体获取该指标的联系方式请参考前言。

第 6 章

6

经典日内投机交易技巧

好的操盘技术应当满足以下三个要求：第一，不管什么品种都可以使用，即无论是股票还是期货，或是其他的交易品种，都可以帮助投资者实现盈利。第二，任何交易周期都可以使用。如果一种交易方法会受到交易周期的限制，则说明这个方法依然存在缺陷，不值得投资者浪费精力去学习。第三，不管什么性格的投资者都可以使用，即不管是急性子的投资者，还是慢性子的投资者，都可以非常容易地使用。

只有达到以上三点，才是好的操盘技术，才值得投资者花时间和精力，甚至花钱去学习。

6.1 价格高低点识别技巧

价格波动时的高低点的识别非常重要，因为知道了价格高低点所在，就等于找到了交易的机会。价格的高低点是分级别的，大级别的高点就是摸顶的形态，大级别的低点就是抄底的形态；当小级别的价格高低点出现后，只会让价格暂时反方向波动，并不会改变大的趋势方向，因此，小级别高低点对于减仓或者清仓操作锁定收益是有很大帮助的。本节讲解的正是小级别高低点的应用技术。

在对价格波动的高低点进行识别时，有一些高低点没有任何技术上的规律性，这类没有规律性的高低点并不在本书讲解范围之内。当然，无规律的价格高低点数量较少，大多数的高低点都会呈现明显的规律性，这就可以为投资者做出正确的决策提供帮助了。

小级别的高低点有什么样的技术特征及该从哪些方面进行判断呢？小级别高低点只需要从成交量的变化上进行判断就可以了，它的技术特点是：在分时图或者短周期 K 线图中（超过 5 分钟以上的 K 线图不适用），成交量突然出现巨幅的放大，而后成交量又出现急速的萎缩，第二根或者第三根成交量柱体回归到之前缩量的状态，一旦在巨量之后出现缩量，投资者就必须立即减仓或清仓，因为价格将会在此形成局部高点或低点，虽然价格在后期有可能继续下跌或者上涨，但目前肯定会反方向进行一波反弹或者调整，如果继续持仓，则收益必然会出现回吐。下面，结合具体案例进行讲解。

以纯碱 2101 合约为例，如图 6-1 所示。

在纯碱 2101 合约 2020 年 10 月 29 日 1 分钟 K 线走势图中，价格经过一波震荡上涨之后，出现了下跌的走势，在快速下跌之后，价格又出现了震荡反弹的走势，在反弹开始的低点处形成了一个非常重要的局部低点的技术信号。若投资者识别了该价格低点，便可以在此处进行平仓，而在价格反弹至高点时再次做空，从而实现低抛高空的完美操作效果。

价格在下跌的低点会有怎样的技术信号呢？只从 K 线形态上是无法寻找到答案的，如果从成交量的变化来看，就可以轻松地找到答案了。在价格下跌的低点处，若成交量急剧放大，且只放量，则并不说明什么，如果成交量可以连续保持放大状态，那么一大波下跌行情就会随之出现。

从图 6-1 中走势来看，第二根成交量柱体（大箭头所指）萎缩 30%，第三根量能柱体（小箭头所指）直接回归到了之前的低迷量能状态。巨量之后快速萎缩至低迷状态，这说明资金不足，成交量异常，而量能一旦异常，价格的走势就很难延续，因此，从这种量能形态可以判断出反弹就在眼前。

图 6-1

下跌的低点形成一次标准的低点技术形态，而在之前价格上涨的过程中同样形成了两次小级别高点技术形态，当这两次小级别高点技术特征形成之后，价格都出现了不同程度的调整走势。

下面继续结合玉米淀粉 2101 合约案例进行说明，如图 6-2 所示。

玉米淀粉2101 2020/10/29 开2915↓高2915↓低2910↓收2910↓量563↑额1639↓仓135463↓增-134

图 6-2

在玉米淀粉 2101 合约 2020 年 10 月 28 日 1 分钟 K 线走势图中，价格在一大波上涨行情中到达顶点的时候，并没有形成明显的顶部信号，因此，在第一个价格高点的位置并没有形成技术上的出局信号，成交量的变化比较稳定，但在价格调整时成交量出现了明显的萎缩，这个区间需要持仓渡过。

由于没有明显的顶部信号，所以价格经过一番调整之后继续创出新高就是很正常的技术形态了。当价格新高出现之后，大级别高点也就是顶部的技术形态出现，同时，小级别的高点技术信号也随之出现，这就是大小级别的高低点同步出现的技术形态。

在价格创出新高之后，成交量突然放大，这是继成交量萎缩之后形成的最大的一根成交量柱体，如果之后的成交量连续放大，那么，一大波上涨行情就会再次展开，可惜在巨量之后成交量马上萎缩了下来，恢复到了之前的低迷状态，急剧放量又急剧缩量，说明成交量出现了异常，价格创新高的这个点位便可以确定为一个重要的高点，这是一个小级别高点的信号，应当采取减仓或者清仓的操作措施，否则，随着价格后期连续地回落，利润必然会不断回吐。

下面结合 PP2101 合约案例进行说明，如图 6-3 所示。

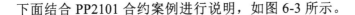

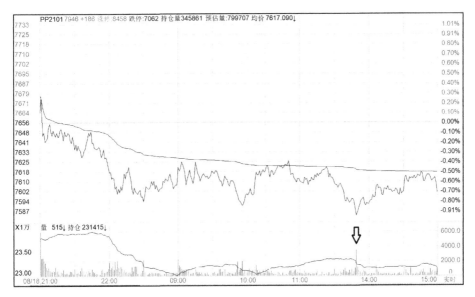

图 6-3

在 PP2101 合约 2020 年 8 月 19 日分时走势图中，价格形成了持续震荡下跌的行情，对于这种不断反弹的震荡形态，一定要把握住低点的平仓位置。只要价格没有形成单边下跌，就很容易形成下跌后连续反弹而后再次下跌的走势。从盘中走势来看，在夜盘时间 22:30 之后，价格便多次反弹到起点，然后下跌创出新低，如果一直拿着空单而不在低点平仓，那么后面的走势基本上不会有太高的收益。所以，有了规律性变化的低点一定要先平仓出局，而后寻找反弹的高点重新入场做空，只有这样才能获得较为丰厚的收益。

夜盘期间的低点有明显的大级别低点技术特征，是可以成功在此低点处完成出局的。在日盘上午 10:00 左右的低点既没有大级别低点的技术特征，也没有小级别低点的技术特征，这个位置只能依据趋势类指标的信号进行止盈出局的操作；而在第三次低点（图中箭头处）则有了明显的技术特征，价格形成了规律性的小级别低点技术形态。

在价格下跌到低点的时候，成交量突然出现了急剧放大的现象。这一根成交量柱体创下了盘中连续波动时的最大量能，只不过在巨幅放量之后，成交量却出现了快速的萎缩，当第二根成交量柱体回归到之前萎缩状态的时候，投资者应当在此时进行减仓或者清仓操作，因为，随后的反弹再度让价格回到了下跌的起点附近。在价格下跌的低点若再见到巨幅放量而后快速萎缩的技术形态，只要第一时间执行出局的操作，那么随后的反弹就再也不会吞噬到手的收益了。

下面继续结合焦炭 2101 合约案例进行说明，如图 6-4 所示。

图 6-4

在焦炭 2101 合约 2020 年 9 月 30 日分时走势图中，价格形成了宽幅震荡上涨的走势，虽然价格的波动重心不断上移，但多单的收益其实并不高，真正的高收益都是在高抛低吸之中实现的，因此，想要从价格的波动中获得更高的收益，一定要拥有识别价格高低点的方法。

在图 6-4 中，当上午价格上涨到高点区间时，成交量突然出现了巨幅的放大，放量之后成交量又急速形成了萎缩并回归到放量之前的低迷状态，这说明资金在此时产生了较大分歧，但资金是平仓还是开仓其实没必要探个究竟，只要知道高点处资金的操作产生了异常就可以了。在量能异常的情况下价格不可能正常，所以，量能的突然放大与缩小必会导致价格的反向波动，因此，当价格上涨而成交量急速萎缩的时候，应当及时地平仓手中的多单。

在夜盘期间，成交量也有一次巨量放大而后快速萎缩的形态，而与之对应的是价格同样形成了一次高点。同时，在盘中还形成了多次并不太规则的成交量巨幅放量与萎缩现象，每一次都使得价格形成了不同程度的反弹或者调整。由此便可以说明放量之后的缩量并不是好的现象，若上涨的高点形成这种走势，价格则会回落，下跌低点形成这样的形态，价格则会反弹，这两种形态都会让收益产生回吐，所以，必须要考虑减仓或者清仓来保全收益。

6.2　首根阴线不是顶

价格在上涨的时候，许多投资者都很怕收出阴线，因为阴线的出现会使得价格产生调整、利润回吐，或者使得上升趋势扭转并产生风险。其实，对操作产生干扰的阴线的确是有的，但是，还有许多阴线的出现不仅不会造成风险，反而还会给投资者带来机会，它们要么会提示出中途介入的买点，要么会提示投资者进行持仓操作。所以，在上升趋势中，阴线的出现并非全是坏事，一定要结合具体情况进行分析。

在价格上涨的过程中，出现什么样的阴线不会产生风险呢？首先，肯定是在涨幅不大的情况下出现的阴线，否则，在价格大幅上涨、上升空间被极度压缩后，任何形式的阴线都可能会对上涨产生影响。其次，阴线的实体一定要小，这一点极为重要，不管价格在什么位置，大实体的阴线都说明空方力量非常强大，会对上涨产生影响，从而容易引发风险，所以，阴线实体越小，引发的风险也会越小。最后，价格上涨力度越大，面对阴线的抵抗能力就越强。所以，在对阴线进行分析时，也需要掌握价格上涨的状况，知己知彼从而做到百战百胜。

综上所述，在价格整体涨幅小一些，阴线实体小一些，多头力量大一些的情况下，收出的阴线都不是风险，反而是机会，可以给投资者带来中途入场的机会，或者提示投资者当前位置绝对不是顶，可以继续持仓。顺着这个思路便可以总结出一个十分有效的操作技巧：首根阴线不是顶！

下面结合螺纹 2101 合约案例进行说明，如图 6-5 所示。

图 6-5

在螺纹 2101 合约 2020 年 11 月 26 日 1 分钟 K 线走势图中，价格出现了一波放量上涨的行情，这种形式的上涨说明多方的力量非常强大，而多方越强大，空方想要改变趋势的难度也就越大，因此，在中低位收出的阴线往往很难轻易地改变上升趋势。

在价格第一波上涨过后调整出现，并收出了自上涨以来的第一根阴线，这一根阴线的实体跟上涨时阳线的实体相比并不是很大，这说明空方力量并未增强。通过上涨知道了多方力量的大小，通过调整又知道了空方力量的大小，一经对比便可以得知，价格继续上涨的可能性是比较大的。

虽然第一波上涨已经有了一定的涨幅，但由于整体幅度并不是很大，没有明显透支上涨空间的迹象，所以，在上涨过程中首次出现的阴线不能被视为风险的信号，而应当将其视为机会到来的信号，手中没有持仓的投资者可以择机介入，有持仓的投资者则应坚定拿好不要轻易出局。

下面结合燃油 2101 合约案例进行说明，如图 6-6 所示。

图 6-6

在燃油 2101 合约 2020 年 11 月 24 日 1 分钟 K 线走势图中，随着价格
波动的重心不断上移，成交量也开始温和地放大，这说明有资金开始悄然
入场进行操作，在资金入场的区域往往会带来很好的操作机会。

由于成交量比较温和，所以，价格的上涨幅度并不是很大，上涨速度
也并不是很快，但这恰恰说明价格的波动并没有透支空间。在此情况下，
价格收出了上涨过程中的第一根阴线，该如何解读这根阴线呢？它是否会
带来风险呢？

首先从位置上来看，它并没有什么风险，因为此时价格虽然有一定幅
度上涨，但涨幅并不大，只要还有剩余上涨空间，就不会出现顶部。其次，
从阴线实体分析，这一根阴线的实体很小，说明空方力量很弱，虽然多方
力量并不太强，但空方力量很弱也不太可能使得价格下跌，因此，阴线的
实体又排除掉了风险。所以，可以判断这根阴线的出现并不是风险，而是
机会，而且它是价格上涨以来的第一根阴线，这个位置也绝对不是顶部，
未来还会有更高的价格出现，因此，应当继续坚定地持仓。

下面结合 PP2101 合约案例进行说明，如图 6-7 所示。

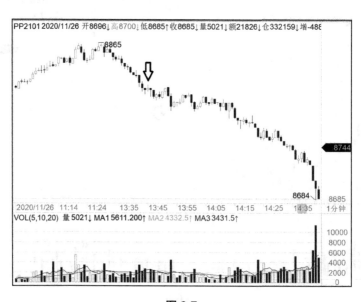

图 6-7

在 PP2101 合约 2020 年 11 月 26 日 1 分钟 K 线走势图中，价格出现了一轮下跌行情，自高点连续收出阴线后，于下跌区间收出了第一根反弹阳线，那么，这根反弹的阳线是价格继续下跌的信号，还是止跌回稳开始反弹的信号呢？

判断价格是不是要终止下跌，要先看整体的跌幅，如果跌幅过大，已经有了好几波大的下跌行情，那么这个时候既不能再做空，也不宜再持仓。但从图中 PP 的走势来看，当第一根反弹阳线出现时，价格仅有小幅下跌，大实体的阴线并没有出现过，行情又怎么可能结束呢？既然行情还没有结束，那么这个区间形成底部的可能性就不大。

再从阳线的实体来分析，虽然阴线的实体并不大，但阳线的实体却更小，这说明多方的力量十分虚弱，如此弱的多头力量又怎么可能终止价格的下跌呢？结合价格所处的位置综合分析便可以得知，下跌后第一根反弹阳线对应的点位绝非底部，更低的价格还在后面，所以，在这个点位既可以持仓，也可以入场进行做空操作。

下面结合黄金 2012 合约案例进行说明，如图 6-8 所示。

图 6-8

在黄金 2012 合约 2020 年 11 月 27 日 1 分钟 K 线走势图中，价格略做震荡便出现了一波快速的下跌行情，在下跌过程中成交量放大非常明显，这说明资金做空的积极性非常高，只要有资金愿意入场积极做空，下跌行情就容易延续。

在第一波下跌行情结束后，价格反弹，该如何分析第一波下跌低点出现的第一根反弹阳线呢？这是当天开盘后的第一波下跌，所以，并不能说不跌空间已经透支，没有透支不跌空间就意味着价格所处的位置尚可，这就排除了底部到来的可能性。

当低点处的反弹阳线出现时，实体很小，并且后面整个反弹过程中的阳线实体都不大，这说明多头力量很虚弱，在多头力量虚弱的区间不可能形成底部。因此，下跌之后出现的第一根反弹阴线以后再碰到就不要再害怕了，因为它对应的点位不是底，而上涨之后出现的第一根阴线所应对的点位自然也就不是顶了，趋势的方向会继续延续。这个时候要做的只有两点，要么入场开仓，要么坚定地持仓。

6.3　量能套环风险区

价格的技术形态可以向投资者提示风险区间的位置，成交量的形态也可以在某些时候向投资者发出风险信号。虽然成交量对风险区间的提示作用不如价格的提示作用大，但当成交量的标准形态形成之后投资者主动进行回避，也是可以很好地化解风险的。

这一节讲的借助量能回避风险的方法需要使用均量线，均量线的指标参数默认为 5 和 10。受到成交量突然放大的影响，5 周期均量线和 10 周期均量线形成上升的趋势，但由于 5 周期的参数较短，所以上行的速度较快，此时两条均量线会离得比较远。在放量出现之后成交量又急剧萎缩，很快便回归到之前的无量状态，这个时候两条均量线又会形成下降的趋势，5 周期均量线此时上行与下行的速度都非常快，而 10 周期均量线虽然也有反应，但反应相对较慢。这两条均量线指标此时就会形成一个类似斜着的数字 8。放量与缩量导致了斜着的数字 8 左半圈的形成，一旦两条指标线形成 8 的小细腰，就要留意可能发生的风险了，只要斜着的数字 8 的右半圈没有封口，风险就会在这一区间延续。

均量线要形成斜着的 8 字形态必须要有一个急剧放量与急剧缩量的过程，急剧放量说明资金的交易产生了冲突和异常，而急剧缩量说明资金即将耗尽，价格的波动得不到资金的支持，斜着的数字之前上涨后期则会转为下跌，若之前下跌则会转为上涨，至于什么时候会再延续之前的方向波动，就要看成交量上斜着的数字 8 右半圈什么时候封口，在未封口之前，风险依然存在。

下面继续结合尿素 2101 合约案例进行说明，如图 6-9 所示。

图 6-9

在尿素 2101 合约 2020 年 11 月 27 日 1 分钟 K 线走势图中，价格上涨到高点之后，K 线形态上并没有什么异常，虽然最后一根阳线是带有影线的星 K 线，但上影线并不是很长，此时想从 K 线形态上判断价格是否有回落的风险还是比较困难的。

从成交量的变化来看，当价格上涨到高点的时候，成交量急剧放大，为什么之前并不太大的成交量就可以推动价格上涨，而在价格上涨到高点时巨大的成交量也无法促使价格快速上涨呢？显然，资金的操作在此时产生了矛盾，提高警惕。在巨量之后成交量快速萎缩，这说明没有资金在此时继续维持价格的波动，因此，价格回落也就很正常了。

受成交量快速放大而后又快速萎缩的影响，5 周期均量线和 10 周期均量线先是形成开口向上的状态，而后又形成"死叉"，至此，斜着的数字 8 的小细腰形成，一旦小细腰形成就要小心了，因为只要这两条均量线没有黏合在一起，回落的风险就依然存在。

下面结合黄金 2102 合约案例进行说明，如图 6-10 所示。

图 6-10

　　在黄金 2102 合约 2020 年 11 月 26 日 1 分钟 K 线走势图中，在价格上涨的过程中，成交量配合较为理想，既保持了放大的状态，也没有产生异常。量能稳定说明资金交易有序，这会对价格的上涨产生很好的促进作用。

　　开盘价格上涨时，如果要展开大行情，就需要更多的资金持续入场，但在成交量急剧放大之后突然出现了萎缩，这说明资金的操作出现了分歧。资金操作的混乱也会导致价格很容易结束当前的波动方向，因此，需要警惕随时产生的风险。

　　受到成交量急剧放大的影响，5 周期、10 周期的均量线形成上升趋势，由于 5 周期均量线参数较短，使得它与 10 周期均量线有较大的距离。又受到成交量快速萎缩的影响，两条均量线形成了死叉，死叉的出现标志着斜着的数字 8 细腰的形成，而这往往也是风险开始的信号。死叉一旦形成，就要再去完成斜着的数字 8 的右圈，而只要右圈没有封口，多单便不可以再次入场，因为价格在后期回落的概率很大，虽然是否会持续下跌不好判断，但暂时肯定会让入场的多单套住。所以，在右圈区间两条均量线没有黏合之前，一定要回避多单的操作。

　　下面结合螺纹 2101 合约案例进行说明，如图 6-11 所示。

　　在螺纹 2101 合约 2020 年 11 月 24 日 1 分钟 K 线走势图中，在开盘之后价格下跌时保持着集中放量的态势，这说明资金介入的积极性很高，只要有资金愿意入场，价格的波动方向便会很好地延续。

　　不过价格下跌只保持了几分钟，之后情况就发生了变化，价格形成了持续上涨的走势，未能继续延续下跌行情。在价格上涨的过程中，价格的变化速度也比较快，若投资者反应不及时，就会造成不小的亏损。那么，这种上涨该如何回避呢？

　　在成交量萎缩的时候，5 周期均量线和 10 周期均量线形成了死叉，仔细观察就可以看到，斜着的数字 8 的左圈以及细腰形成了，它们的形成是建立在成交量放大而后又快速萎缩的基础上的，因此，符合量能风险回避的要求。在死叉之后暂时不宜持有空单，并且也不要在 8 字右圈范围内开空单，这样就排除了局部价格上涨的风险，先前的一波快速上涨行情自然也就不会对做空的投资者产生任何影响。

图 6-11

下面结合棉花 2101 合约案例进行说明，如图 6-12 所示。

在棉花 2101 合约 2020 年 11 月 20 日 1 分钟 K 线走势图中，在价格第二波下跌的时候，成交量非常大，当成交量放大的时候，不要立刻就认为是风险的到来。量能风险的特征是：成交量巨幅放大而后又快速萎缩。巨幅放量并不一定就是风险，如果可以连续放量反而还会促使一轮大行情的出现，只有在成交量巨幅放大之后再快速萎缩才是风险到来的信号。

受成交量放大的影响，两条均量线形成向上的走势，5 周期与 10 周期均量线之间的距离较远，而后受到后面成交量快速萎缩的影响，5 周期均量线先于 10 周期均量线形成向下的走势，均量线出现死叉现象，此时就要小心了，斜着的数字 8 的右圈的到来是风险的信号，在右圈范围内绝对不能持有空单，价格在此区间要么转为上涨，要么会出现不同程度的反弹。棉花的反弹多头力量较弱，虽然不会导致空单利润大幅回吐，但很长时间也跌不下来，导致短时间内无法获得收益。

图 6-12

放量导致两条均量线向上并开始形成斜着的数字 8 的左圈，缩量则导致两条均量线形成死叉。死叉的出现意味着资金入场数量的减少，之前的价格波动无法得到资金的支持，从而向反向波动。斜着的数字 8 的右圈的范围是风险的信号，只要两条均量线没有黏合闭口，就要在场外进行观望，不宜持仓或新开仓。

6.4 减速上涨风险区间

在价格上涨区间，有加速上涨的阶段，也有减速上涨的阶段。当价格加速上涨时，其涨幅较大，可以带来丰富的收益，应当坚定地进行持仓操作。而如果价格出现减速上涨的走势，上涨的幅度将会减小，虽然仍然可以带来收益，但随着多头力量的减弱，投资者应当随时留意风险。

当价格在低位上涨时，因为还有着广阔的上行空间，资金持有者都纷纷积极入场做多，因此，很少会出现价格上涨减速的现象。多在价格高位区间出现上涨减速的现象，在这个区间多方资金在无利可图的情况下交易的积极性降低，价格得不到大量资金的支持，上涨的力度自然会不断减小。

那么，价格的上涨加速有什么样的技术特征，上涨减速又有什么样的技术特征呢？可以使用移动均线进行识别。当价格加速上涨时，相比之前上涨波段的移动均线，当前移动均线的上行角度将会明显陡峭，在这个期间如果有多单则可以看高一线继续持仓。但若移动均线的上行角度变得平缓，这个时候虽然可以在上升趋势依然保持的情况下继续持仓，但也需要格外小心了，要留意价格上涨随时会结束的风险。在多数情况下当价格出现减速上涨现象之后，都很容易形成下跌的走势，因此，在价格高位出现减速上涨现象时可以视为风险到来的信号。

下面结合沪镍 2102 合约案例进行说明，如图 6-13 所示。

在沪镍 2102 合约 2020 年 11 月 27 日 1 分钟 K 线走势图中，在价格初期上涨时这一阶段阳线的实体都不是很大，成交量表现平平，没有连续放量情况的出现。没有资金的大规模入场，价格涨幅自然不会太大，移动均线的角度也就不会过于陡峭。

价格经过一段时间的温和上涨后，上涨的幅度开始有增大的迹象，这种表现直接反映在移动均线的上行角度变化上，开始明显变得陡峭。移动均线上行角度加大意味着价格上涨力度的加大，也对应着价格上涨幅度的加大，因此，在移动均线上行角度陡峭的时候，投资者可以继续坚定地持仓多单，以捕获更大的利润。

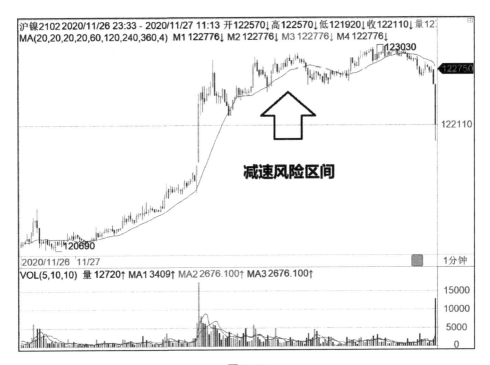

图 6-13

经过一番调整之后，价格继续上涨，虽然又一次创出了新高，但是，移动均线上涨的角度却在此时明显减小，是什么原因导致上涨力度的变小呢？看一下成交量的变化就可以找到答案了。资金没有更加积极地入场交易，更大力度的上涨自然也就不会再度出现。在最后一波上涨的时候虽然价格又一次创出新高，但移动均线的上行角度再一次变小，上涨始终保持着减速的状态，价格蕴含着随时可能转势的风险。

下面继续结合热卷 2101 合约案例进行说明，如图 6-14 所示。

图 6-14

在热卷 2101 合约 2020 年 11 月 27 日 1 分钟 K 线走势图中，价格一波放量上涨走势较为强劲，成交量在价格上涨的过程中保持着连续放大的状态，同时，20 周期均线的上涨角度也变得非常陡峭。这一波走势便可以成为一个重要的参考，以此来对比未来行情力量的强弱。

如果在后期价格上涨过程中移动均线的角度进一步变得陡峭，那就说明多方力量进一步变大了，投资者便可以耐心地持仓以获得更高的收益。如果在后期价格上涨时移动均线的角度变得平缓，那就说明多方力量有所衰竭，虽然在上升趋势确立的情况下可以继续持仓，但在持仓的过程中需要留意随时有可能出现的风险。

在最后一波价格上涨的时候，均线的上涨角度变小，意味着价格上涨力度的减小，上涨幅度也会减小，因此，投资者在持仓的过程中，要降低收益的预期，因为价格不可能超越之前波段的涨幅了。同时，在移动均线角度变小之后，价格转为了下跌，由此可见，在高位出现移动均线角度变小现象时，一定要格外小心。

下面继续结合白糖 2101 合约案例进行说明，如图 6-15 所示。

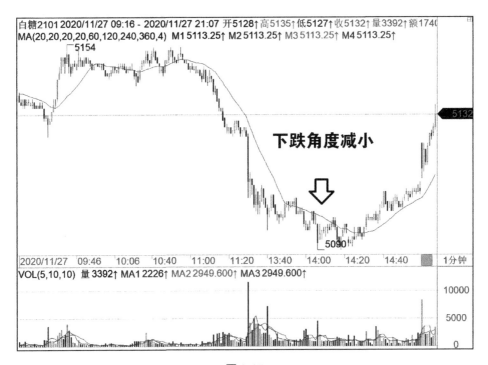

图 6-15

在白糖 2101 合约 2020 年 11 月 27 日 1 分钟 K 线走势图中，价格出现了两波下跌的走势，在这两波下跌行情中，成交量始终保持着连续放大的状态，这说明资金交易的积极性很高，其持续入场推动了价格大幅度的下跌。同时，在价格下跌的过程中，移动均线的下行角度也始终保持着同样的状态，这为投资者预测后期行情力度的增减提供了重要的参考。

在两波下跌行情之后，价格略做反弹便再继续下跌，但在最后一波下跌行情中，成交量减小，这说明资金在低位继续做空的积极性明显降低，得不到资金的积极推动，价格的下跌力度必将减小，这一点通过移动均线下行角度变得平缓得到了确认。

移动均线由较大的下行角度转变为相对平缓的下行角度，在这种情况下虽然投资者可以继续持仓，但一定要做好随时山局的准备，因为价格低位的减速现象绝对不是什么好事，如果资金有意向继续积极做空，是绝不会发生价格减速现象的。因此，在后期价格极有可能反转向上，对空单不利。

下面继续结合黄金 2102 合约案例进行说明，如图 6-16 所示。

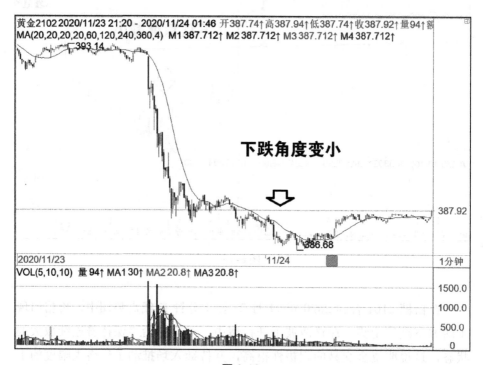

图 6-16

在黄金 2102 合约 2020 年 11 月 23 日 1 分钟 K 线走势图中，价格出现了一轮大幅度下跌的行情，在下价格跌的过程中大实体的阴线不断出现，巨大的成交量也保持了较长的时间，这说明资金做空的积极性较高，使得移动均线的下行角度变得非常陡峭。面对这样的走势，可以牢牢地拿住手中的空单，在未见到移动均线出现减速现象出现之前，千万不要轻易止盈出局。

在一大轮下跌行情结束之后，价格在后期成交量再也没有密集放大，这说明资金做空的积极性有很大程度的降低。在后一轮下跌的时候，移动均线的下行角度相比之前也变得平缓起来，当移均线出现减速现象时，是不是就可以平仓止盈出局呢？可以有这种想法，但千万不要过早地采取行动。在价格大幅下跌的低位区间出现移动均线减速现象并不是什么好事，往往预示着后期存在行情反转的可能，但是，当行情反转还并没有出现，下降趋势依然保持时，又有什么理由马上就要出局呢？要等移动均线转而向上之后再进行出局操作。

当移动均线发生减速现象的时候要保持警惕，随时做好出局准备，但由于此时移动均线依然保持着向下的状态，价格也在继续下跌，虽然下跌的力度减小了，但出局的操作还不能进行。要提前做好准备，一旦均线转而向上就可以立即出局。

6.5　初次涨跌介入点

很多买卖点都是通过价格的走势形态确定的，那么，通过成交量能不能及时把握住交易的机会呢？本节将为读者介绍如何利用成交量的变化来捕捉上涨或下跌初期的交易机会。

第一步，价格在开盘之后保持无量的状态，这说明资金并没有提前做好准备，此时的无量可以衬托出未来盘中放量的机会。

第二步，成交量在盘中放大，此时的放量将是无量开盘之后的第一次放量，这是资金入场的信号，一旦发现成交量开始放大，在价格上涨或下跌并不是很多的情况下就可以入场操作了。

根据成交量的方法来确定介入点的主要思路就是确定资金刚刚建仓的成本，这就是开盘必须保持无量状态的原因。资金从开盘时没有建仓，到盘中入场积极建仓的过程可以通过成交量的变化轻松地判断出来。

下面结合黄金 2102 合约案例进行说明，如图 6-17 所示。

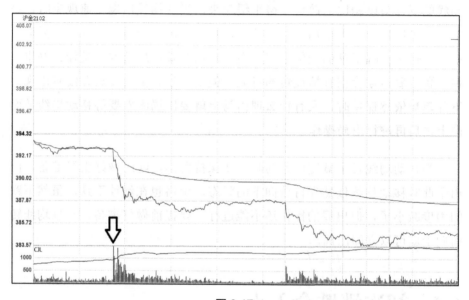

图 6-17

在黄金 2102 合约 2020 年 11 月 24 日 1 分钟 K 线走势图中，开盘后价格便出现了震荡下跌的走势，但是，在开盘期间价格下跌的过程中成交量并没有明显放大，这说明资金还没有积极地入场进行操作，价格的下跌可能只是市场正常的波动行为，并不是资金推动的下跌行为。

价格经过较长时间的震荡之后继续下跌，而此时成交量则出现了明显的放大迹象，这是开盘之后的第一次放量，很显然这就是资金集中入场的成本区间，此时，便可以及时入场进行操作。

利用成交量的变化寻找资金入场的成本区间的方式入场，与根据技术形态确定介入点的方式不同，这种确定介入点的方式无法做到精细，它是一种小区间性质的介入方式，在资金建仓成本的区间都可以介入，而且在投资者发现放量出现时，价格已经有了小幅度的下跌，所以，如果使用这种方法进行操作，不必太在意具体的价格，而是要更多地在意成交量的性质。

下面继续结合硅铁 2101 合约案例进行说明，如图 6-18 所示。

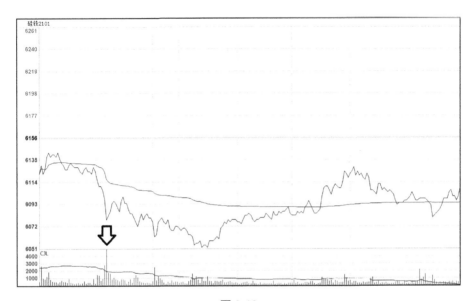

图 6-18

在硅铁 2101 合约 2020 年 11 月 25 日 1 分钟 K 线走势图中，开盘之后成交量并不大，这说明资金并没有在开盘初期入场进行操作。但资金早晚是要入场的，因为价格在盘中肯定会发生波动，而资金在早盘没有介入反而是一件好事，可以在后期价格波动过程中更加容易地判断出资金有没有入场。

经过一段时间的震荡行情之后，成交量出现了放大的现象，此时的放量形成了盘中最大的成交量，可以视为这是资金开始入场的信号，在发现放量的区间便可以入场进行操作。因为这种方法只根据成交量的变化进行操作，所以开仓的点位有时理想、有时可能并不太理想，因此，也可以结合一下技术形态进行操作。

在硅铁的走势中，虽然在盘中形成最大的交易量时入场可以实现盈利，但其实介入点的价位是比较低的，属于追空性质的操作了。这个点位入场显然并不太合适，因此，可以结合技术形态等待价格反弹起来之后再进行操作，因为反弹的高点离资金的介入成本很近，且介入点位融合了技术形态的成分，操作的效果会更好。

下面结合焦炭 2101 合约案例进行说明，如图 6-19 所示。

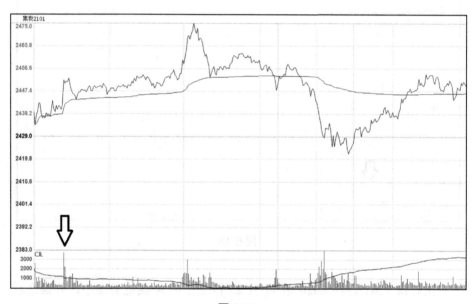

图 6-19

在焦炭 2101 合约 2020 年 11 月 26 日 1 分钟 K 线走势图中，开盘之后成交量有所放大，这样的走势并不满足开盘无量的要求，面对这样的走势该如何分析呢？

在一般情况下，开盘时候的成交量都是比较大的，特别是有明显高开或低开的时候。如果开盘时成交量较大，那么，对于盘中第一次放量的条件就需要做一些调整，即在开盘放量之后必须形成缩量，在缩量到极小状态之后再次形成放量，并且超过开盘时的放量状态，便可以确认是盘中第一次放量，当在盘中发现这种现象时就可以入场进行操作。

从图 6-19 的走势可以看出，行情经过震荡后，成交量再度出现放大的迹象，并且创下了开盘以来的最大成交量，此时便可以认为是盘中的第一次放量，同样，这也是资金建仓的成本所在，因为价格在放量的时候是上涨的状态，资金的性质是入场做多，因此，在这个区间进行做多操作是没有任何问题的。

下面结合 LPG2101 合约案例进行说明，如图 6-20 所示。

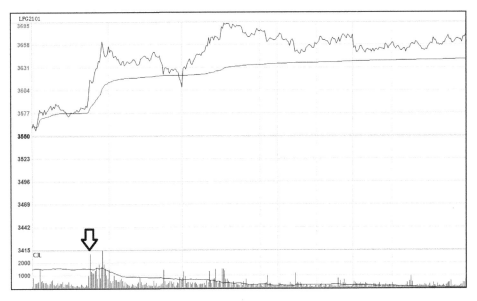

图 6-20

在 LPG2101 合约 2020 年 11 月 25 日 1 分钟 K 线走势图中，在开盘之后的波动过程中成交量略有放大，但随着调整走势的到来，成交量进入了非常低迷的状态，这样的量能形态为后期的放量提供了参考，一旦后期成交量放大，就会形成入场操作的机会。

在经过一段时间缩量之后，成交量再度放大，并且创下了盘中最大的量能，这说明资金开始了建仓操作。由于在放量的时候价格的方向是向上的，因此，资金操作的性质是多单入场，投资者应当入场进行做多操作。

在放量的过程中，价格有创出新高的可能性，因此，可于价格突破前高的点位附近入场进行做多操作。这就将放量的操作方法与技术形态的操作方法完全结合在一起了，能够带来更好的操作效果。

利用成交量的第一次放大这种现象不仅可以指导具体的操作，还可以对持仓起到帮助。如果手中正在持仓，发现价格形成了第一次放量，那么此时便可以耐心地持仓不要轻易出局，因为资金刚刚入场，还有较大的盈利空间。

6.6 多空衰竭介入点

在价格波动时，多方与空方都会存在力量衰竭的情况，在这些点位入场进行操作将会取得非常好的效果。无论是在上涨过程中，还是在下跌过程中，一旦形成多方力量衰竭的情况，价格就很容易出现局部或者整体的下跌走势；同理，无论是在上涨过程中，还是在下降过程中，一旦形成空方力量衰竭的情况，价格就会出现局部上涨或者大趋势的上涨走势，此时入场做多将会是很好的时机。

那么，多空双方力量衰竭有怎样的常见技术特征呢？以多方为例，最明显的技术特征就是价格的高点出现逐渐降低的走势，势能越来越弱，就好像一个从高处抛下的皮球一样，触地之后第一次弹起来的高度肯定是最高的，之后弹起来的高度将会不断降低。价格出现回落的迹象，意味着多方无力再将价格推到更高的点位，既然多方无力，那么，空方的力量就会比较多。"多强则空弱，多弱则空强"，因此，在价格回落的时候就有了做空的机会。

在上涨趋势中价格高点逐渐降低，这虽然表示多方力量在逐渐衰竭，但整体势头依然向上，操作起来有一定的难度，因此，适合广大投资者操作的最好区间是在下降趋势中。顺着这个思路便有了一个好的操作方案：在分时图中，分时线位于均价线下方形成空头性质的波动，在价格反弹形成一个高点之后，如果在相隔不太久的时间内在这个高点略微下方的点位又形成一个高点时，便可以入场进行做空操作。具体介入点是在第二个降低的高点处，即分时线一旦向下拐头便可以入场做空。

下面结合苹果 2101 合约案例进行说明，如图 6-21 所示。

在苹果 2101 合约 2020 年 11 月 17 日走势图中，开盘后价格形成了箱体震荡的走势，分时线始终围绕着均价线小幅上下波动，在这种形态下应当放弃操作，因为价格波动导致多空性质不明。

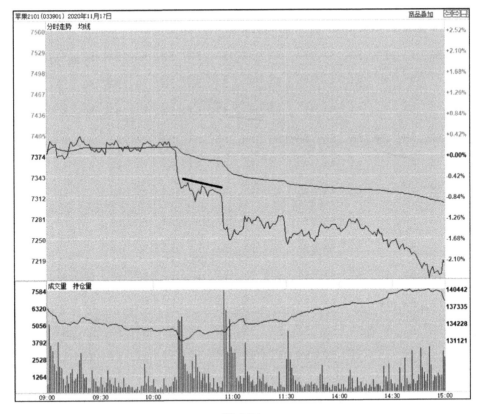

图 6-21

行情经过震荡后，分时线终于在空方资金入场的推动下跌破了均价线，并且始终运行在均价线下方，此时价格的空头性质就变得非常明确了，这是做空的大好时机。在完美量能缩量反弹区间，价格形成了标准的多方力量衰竭的技术形态：分时线的反弹高点在连续降低，这说明多头的力量在不断衰竭，空方力量强大，再配合完美的量价形态，价格继续下跌的可能性是非常大的。

第一个反弹高点成为了重要的参考，当第二次反弹出现时，只要反弹高点在第一个高点的下方，且分时线向下拐头就可以入场做空。而当第三次反弹出现时，则应当参考第二个反弹高点，若分时线向下拐头也同样可以入场做空。因此，在反弹区间总共有两次入场做空的交易机会，抓住这两次卖点确保不会错过后期下跌的行情。

下面结合焦炭 2105 合约案例进行说明，如图 6-22 所示。

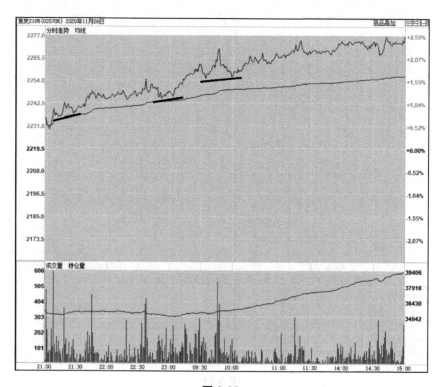

图 6-22

在焦炭 2105 合约 2020 年 11 月 26 日走势图中，开盘之后价格便出现了连续上涨的走势，在上涨过程中，成交量的配合较好，每一次价格上涨都会伴随着成交量的放大，这说明资金做多的积极性非常高，也正是因为资金持续不断地入场操作，才导致不断上涨行情的出现。

在价格上涨过程中，出现了多次调整的形态，不同形态的调整都有相应的方法去捕捉机会。从图 6-22 中的调整来看，投资者有好几次空方力量衰竭的做多的机会，虽然每一次的空方力量衰竭介入点的位置各不相同，但它们有着相同的技术特征，随着位置的增高可实现的收益将会减少，介入点的位置只与收益的多少有关，而不受介入点形态的影响。

在价格下跌过程中，空方力量衰竭介入点的共性特征为：在价格调整时先形成一个低点，而后在但略高一些的位置再次形成了一个调整的低点，左低右高的两个低点是空方力量衰竭的重要特征。当第二个低点满足了位置上的要求时，一旦分时线向上拐头便可以入场做多，这样一来，就买在了第二次调整结束、上涨将要开始的点位。

下面结合棕榈油 2105 合约案例进行说明，如图 6-23 所示。

在棕榈油 2105 合约 2020 年 12 月 10 日走势图中，价格形成了多空性质的反转走势，在夜盘期间分时线始终在均价线上方运行，价格的波动呈现了多头的性质，因此，做多是正确的操作。而在日盘期间，价格始终在均价线下方运行，形成了空头性质的波动，做空才是正确的操作。只有紧随价格的波动性质进行操作，才更加容易实现盈利。

当分时线在均价线上方的时候，价格形成了多次调整的走势，从图 6-23 中走势来看，调整的低点始终保持着被抬高的迹象，这说明空方的力量在减弱，空方无力把价格打到更低的位置，"空弱则多强"，因此，价格上涨的概率很大。所以，当后面的调整低点回落至前一个低点位置处时，只要没有跌破前一个低点并略高于前一个低点，一旦分时线向上拐头就可以入场做多。

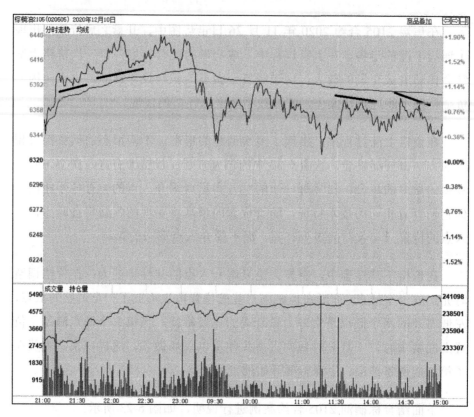

图 6-23

当分时线位于均价线下方时，只要形成了一个反弹的高点，就可以将这个高点视为参考点，只要后面的反弹靠近了这个高点但又在这个高点下方时，一旦分时线向下拐头就可以入场做空。如果分时线想要继续往上，那么在前一个高点略下方一点的位置时往往不会向下拐头，而是直接涨上去，所以，一定不能在价格靠近前高点时就做空，靠近是第一步，当分时线向下拐头时才可以执行操作。

下面结合螺纹 2105 合约案例进行说明，如图 6-24 所示。

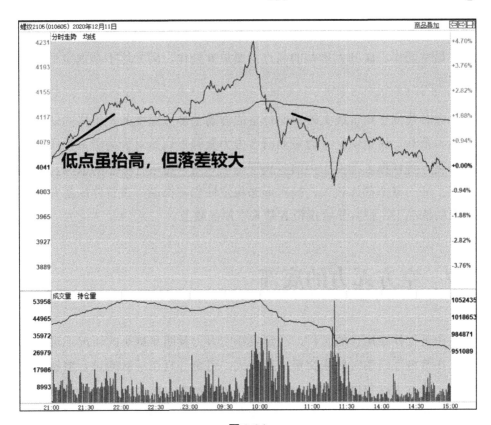

图 6-24

在螺纹 2105 合约 2020 年 12 月 11 日走势图中，开盘后价格便形成了连续上涨的走势，在上涨的过程中，调整的低点形成了连续抬高的现象，这样的走势是不是满足操作的要求了呢？从形态来说，后面的低点位置的确高于前一个低点，这说明空方力量弱而多方力量强，但是，这些低点之间的落差比较大，因此，不可以进行操作。技术上的要求是第二个低点一定要离前一个低点较近，如果距离远则不宜进行操作。两点之间落差小是一个筛选的条件，用以过滤那些频繁出现的低点被抬高的走势，毕竟在价格连续上涨时有不同幅度落差的低点太多了。

当分时线位于均价线下方运行时，价格反弹形成了小落差的高点，第二个高点离前一个高点很近，这样的走势与高点的位置就满足了技术上的要求，只要第二个高点在略低于前一个高点的情况下向下拐头就可以入场进行做空操作。碰到大落差的高点则要放弃操作，因为这不是规定中的技术形态。

分时线位于均价线上方说明价格的波动是多头性质的，价格的低点在不断被抬高，这说明空方力量弱而多方力量强，这是对价格多头性质的一种肯定，可以称之为多头中的多头形态，凡是具备这种形态的波动，价格继续上涨的概率都比较大，技术形态稳定性也都很高，在整体跌幅并不是很大的情况下，很容易给投资者带来丰厚的收益。

6.7　空方无力的底部

在进行抄底操作的时候，一定要在空方力量明显减小的情况下进行。如果在价格下跌的时候成交量一直放大，资金一直在活跃地进行着做空的操作，或者下跌角度始终比较大，没有减速现象，就不能轻易入场进行操作了。除了均线角度变化的现象必须要关注之外，另一个技术要点也必须重点关注，那就是价格下跌的过程中每个小波段下跌幅度的变化。

价格的下跌幅度之所以会减小是因为资金的推动力度不足，这一点与均线下跌的角度变小思路一样，只是在具体的细节表现上略有差异而已，将两者结合起来进行分析会取得更好的分析效果。下跌幅度的减小就像开车时车速的减慢一样，车速不断减慢，那么停下来的可能性就会比较大了，价格的波动也是如此。

在下跌幅度减小时往往会伴随着成交量萎缩的现象，因为一旦放量，价格下跌的幅度就会加大。缩量的出现则说明在此低点区间资金做空的兴趣大大降低，这对于操作的指导作用是：先平仓手中的空单，而后寻找机会进行多单的操作。既然空方无力，那么底部可能就在眼前。

下面结合液化气 2101 合约案例进行说明，如图 6-25 所示。

图 6-25

在液化气 2101 合约 2020 年 11 月 20 日 1 分钟 K 线走势图中，价格在连续下跌的过程中，成交量保持着放大的状态，特别是在中途一波放量下跌时，成交量更是密集性地放大，在资金有较高的操作积极性时，下跌趋势将是很难改变的。

经过几波下跌行情之后，当价格再次创出新低时成交量不再继续放大，这说明资金入场的积极性明显降低，那么下跌的持续性就会变得很差。相比之前放量下跌的波动，下跌波段的幅度明显减小，这是一个值得警惕的情况。

在第一次下跌波段幅度减小之后，价格再次下跌，这一次却无法创出新低，同时，这一次的下跌幅度跟之前相比再次变小，且成交量萎缩，当这些技术特征出现时，一定要做好随时离场的准备。

下面继续结合焦煤 2101 合约案例进行说明，如图 6-26 所示。

图 6-26

在焦煤 2101 合约 2020 年 12 月 11 日 1 分钟 K 线走势图中，价格在刚开始就出现一波大幅度的下跌走势，下跌过程中的阴线连串出现，在很短的时间内就形成了较大的跌幅，并且在下跌过程中的成交量也始终保持着连续放大的迹象，这说明资金做空的积极性非常高，这种放量下跌的行情最容易带来大的收益机会。

在缩量反弹形成了完美的量价形态之后，价格继续下跌，此时成交量依然非常不错，虽然价格的跌幅略有减小，但整体表现还是不错的，只要没缩量，跌幅略微减小一些也没什么关系。

当第三波行情下跌时情况就变得不妙了，虽然价格创下了新低，但是下跌的幅度进一步减小，最重要的是成交量也出现了明显的萎缩，这跟刚才的下跌完全不同，虽然都有波动幅度减小的现象，但成交量出现了明显的萎缩，这对空单更为不利，因此，当这种无量下跌且跌幅明显减小的现象于低位出现时，一定要做好随时出局的准备。

下面结合焦炭 2105 合约案例进行说明，如图 6-27 所示。

图 6-27

在焦炭 2105 合约 2020 年 12 月 10 日 1 分钟 K 线走势图中，价格第一波上涨的幅度非常大，虽然开局完美，但也要考虑一个问题，在刚开局就出现这么大的涨幅会不会透支后面的上涨空间呢？若透支了后面的上涨空间，那么肯定会出现风险信号：高位涨幅的衰减。这又该如何分析呢？

当碰到这种第一波涨幅过大的行情时，后面的波段一定会出现衰减。因此，对后面行情的要求就要降低一些，幅度可以小一些，但成交量一定要保证有放大的迹象，绝对不能缩量，一旦缩量，即资金不愿意在高位入场操作，就容易发生风险了。

当价格第二波上涨时，上涨幅度有所变小，但阳线的成交量并没有大幅度减小。而当第三波上涨出现时，阳线的成交量则有了衰竭现象，连续出现两次成交量减小就需要提高警惕了。

下面继续结合乙二醇 2105 合约案例进行说明，如图 6-28 所示。

图 6-28

在乙二醇 2105 合约 2020 年 12 月 11 日 1 分钟 K 线走势图中，在第一波上涨时成交量较为温和，这些温和的量能促使价格形成了第一波上涨行情。在经过一段时间的小幅缩量调整之后，价格再次上涨，这一次迎来了主升浪行情，在成交量放大的推动下，价格上涨的幅度加大了。面对这种涨幅加大的行情自然要继续持仓，直到发现波动减小时再做打算。

在主升浪结束后价格继续调整，此时的调整是正常现象。经过一番调整后价格创出了新高，但是，此时的量能却明显减小了，在调整时可以缩量，但在上涨时必须要放量，因为如果没有资金积极地推动，价格将很难保持良好的上涨劲头。

在高位发现价格形成波幅减小并且成交量萎缩状态后，在上升趋势没有改变的情况下可以继续持仓，但在持仓的同时一定要意识：风险的信号已经出现了，虽然可以继续持仓，但也要做好随时出局的准备，切不可盲目地看多后市。

6.8　重要支撑介入点

利用支撑点进行操作是投资者最喜欢的一种方式，在支撑点进行操作是正确的，且符合市场波动性质。支撑点往往是资金的成本区间，因此，当价格回落至此，下跌走势必然会被阻止，从而结束下跌转为上涨。

当然，支撑点不可乱用，最重要的是在下跌过程中千万不要使用支撑点，只有在上升趋势中才可以使用。上升趋势看支撑点做多，下降趋势看压力点做空，这才是正确的操作方式。

支撑有许多种表现形式，只要涉及成本概念的都具备支撑作用，投资者最喜欢用的移动均线可以不太精确地代表市场的成本，因为它的取值是收盘价，收盘价就是一项不太精确的成本。布林线指标也可以体现支撑/压力的作用，与移动均线一样可以不太精确地反映成本。而最能精确反映成本的是均价线，因此，下面围绕均价线进行讲解。

在价格上升趋势形成之后出现调整时，一旦价格与均价线之间只有 8 跳以内的空间时，就可以视为价格到达了支撑区间，若此时分时线向上抬头，便可以入场进行做多操作。如果价格与均价线较远，超过了 8 跳，则不宜操作，两者越近越容易识别，当然，8 跳以内就满足了条件。但若操作的品种价格过低，只有二三千元的话，则可以将 8 跳降为 6 跳。对于价格高且活跃的品种，这个跳数可以略多一些，对于价格低且波动呆滞的品种，跳数可以略少一些。

下面结合焦炭 2105 合约案例进行说明，如图 6-29 所示。

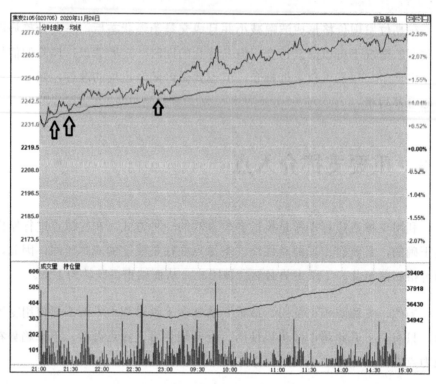

图 6-29

在焦炭 2105 合约 2020 年 11 月 26 日走势图中，开盘后价格略做下探便回到了均价线上方，直至收盘分时线一直运行在均价线上方，持续保持着多头的波动性质，面对这样的走势，坚定地做多可以收获丰富的收益。

均价线代表了市场的平均成本，它会对价格调整的低点产生强大的支撑作用，当价格在均价线附近波动的时候，这种支撑作用是非常明显的，因此，只要分时线在均价线附近波动，就一定要盯住均价线的支撑点位，寻找操作的时机。若分时线远离均价线，则可以再用其他的方式进行操作。

从图 6-29 中可以看到，价格有三次调整到均价线附近，这也是三次交易机会，它们统一的技术特点是：价格调整低点与均价线有 8 跳以内的空间，而后分时线向上一勾头便可以入场进行做多操作。介入点形态非常简单，就算是新手也能马上掌握这种操盘的技巧。当价格达到 8 跳的时候，一定要注意在分时线向上勾头时才可以介入，如果分时线没有勾头就要耐心等待，以防出现连续下跌的走势。

下面结合菜油 2105 合约案例进行说明，如图 6-30 所示。

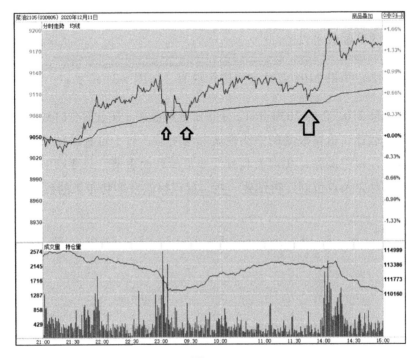

图 6-30

在菜油 2105 合约 2020 年 12 月 11 日走势图中，日盘开盘后价格出现调整的走势，一度微微跌破了均价线，但很快又涨了起来，这时候分时线向上勾头可以进行操作吗？虽然同样是向上勾头，但由于价格的位置出现了变化并且不符合技术形态要求，因此，不可以在价格跌破均价线后分时线向上勾头时介入。

到了下午的时候，价格再次调整到了均价线附近，这时便又可以重新关注有可能出现的交易机会了。这一次调整的低点在离均价线 8 跳以内，分时线形成了向上勾头的走势，此时就需要积极地入场做多了。

分时线在均价线上方说明价格依然保持着多头的性质，调整到均价线并且受到了支撑，不跌破就说明只是多头调整性质的波动，且价格的调整已接近尾声。否则如果要继续下跌，早就跌破了均价线。而分时线向上勾头则说明价格的调整彻底结束，新一轮的上涨行情将会由此展开。波动性质、价格的位置，以及买点形态全部达到要求，接下来拿取市场给投资者正确操作的奖励就可以了。

下面结合苹果 2101 合约案例进行说明，如图 6-31 所示。

在苹果 2101 合约 2020 年 12 月 9 日走势图中，开盘后分时线始终在均价线下方运行，价格波动的空头性质非常明显，对于这种波动形态，只要坚定地进行做空操作，实现盈利就是非常简单的事情。只要顺应了价格的走势，再对介入点位制定得细致一些，就可以收获顺势带来的盈利。

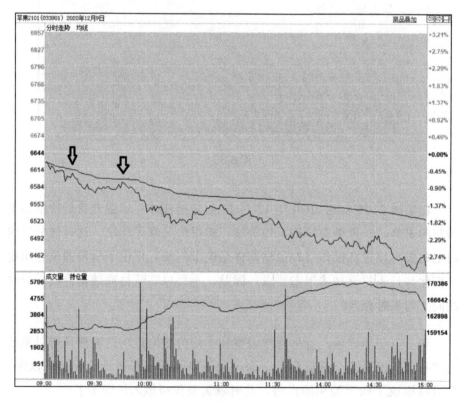

图 6-31

在开盘后不久，分时线反弹到了均价线附近，两者之间的距离达到了 8 跳的要求，在分时线向上运行的时候只能进行观察，不能出手交易，以防止价格进一步反弹向上突破均价线。一旦分时线在距离均价线 8 跳以内时，分时线向下拐头，就可以入场进行做空操作。

从图 6-31 中的走势来看，有两次好的介入机会，且这两次介入点处于价格下跌的初期与中期，所以后期的盈利空间巨大。价格要有离均价线相对较近的区间波动才会有这种形态的操作机会，否则两者是不可能达到 8 跳的要求的，因此，提高了大幅获利的可能性。在价格反弹时，只有经过充分反弹之后两者的距离才会比较小，反弹耗费了多方的能量，因此，价格很容易在后期出现下跌。最后的介入点设定为分时线向下拐头，因为这恰是新一轮下跌的起点。

下面继续结合硅铁 2101 合约案例进行说明，如图 6-32 所示。

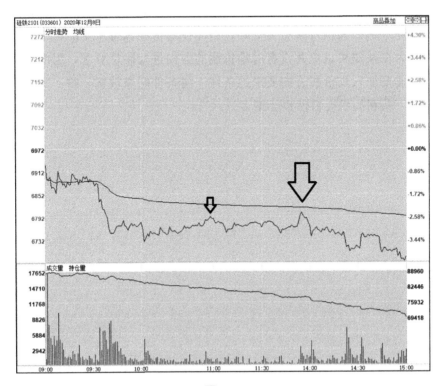

图 6-32

在硅铁 2101 合约 2020 年 12 月 8 日走势图中，价格在上午 11 点左右出现了反弹，这个反弹高点也是有效高点，并且在后期带给了投资者一定的盈利。此时分时线在均价线下方，形成高点时也向下拐头了，那么可以在价格向下拐头的那　刻进行做空操作吗？肯定是不可以的，因为价格反弹的高点距离均价线太远，没有满足 8 跳以内的距离要求。

价格经过一番震荡之后，再次出现了反弹的走势，这一次反弹的高点达到了要求，分时线与均价线之间相距 8 跳，一旦分时线开始接近均价线，就要密切留意分时线向下拐头的走势，一旦分时线向下拐头就可以马上入场进行操作。分时线在均价线下方波动性质为空，两者离得较近说明价格经过了充分的反弹，多方的动能得到了彻底释放，而且分时线明确受到了均价线的压力，因此，向下的拐头说明空方要开始发力，可以在这个点位介入做空。

在具体使用这个方法操作时，如果均价线形成了明显的上升趋势或者下降趋势，那么操作效果将会更好，但即使均价线保持水平的状态也没关系，因为在操作要求里并没有对均价线的方向进行硬性要求。因此，投资者不必非要加入均价线方向要求的条件，将条件略微放宽一些，交易机会会更多，获利的机会自然也会增多。

后 记

一阳团队读者服务介绍

看到这里，再次感谢各位读者朋友的支持，希望您已完全理解本书中的内容并开始用于实战，更希望您能在本书的帮助下获得丰富的收益！

笔者自 2003 年推出第一本投资专著至今，已出版 40 余本证券及期货投资图书，图书的实用性，得到了众多读者朋友们的认可。笔者每本书中所讲述的各种日内投机操盘技巧都通俗易懂、便于操作，能够帮助投资者屡创佳绩，已成为期货实战操作中的"利器"。

为了回报广大读者朋友们一直以来的支持，笔者团队提供以下服务，若有需要可随时与我们联系。

（1）一对一高端面授课程。旨在改变投资者错误的交易习惯，树立正确的操作理念，建立高度可复制性、适合自己财产状况与交易喜好的操盘模式。高端培训均以一对一的方式进行，在与学员充分沟通、了解学员以往交易状况与未来发展意向后，有针对性地制定课程内容，以使学员达到最佳学习效果。

一对一高端课程学习方式：第一步，报名，先行自学统一内容的视频课程，并按视频课程中的方法进行至少两周的实战操作，从而积累交易经验与解决技术上的问题。第二步，一对一面授学习。根据学员前期学习与操作的状况，为学员量身制定最适合学员自身情况的个性化培训课程，此课程因每位学员状况的不同而不同，旨在建立属于学员自身的盈利模式。第三步，根据学员的学习状况制订新的操盘训练计划，在此阶段学员需要及时与培训老师进行沟通，以及随时调整学习与训练计划的内容，直至学员达到独立、正确、持续且稳定的获利状态。

（2）网络直播内部课程。旨在帮助更多的投资者便捷地学习期货交易技巧。网络视频课程丰富且全面，能更好地完善投资者的交易体系，提升投资者的操盘技能，可使用手机、计算机随时随地听课。每一期课程都紧贴实战，永久免费，让学员们学了就可以上手正确实战。

（3）在与笔者团队合作的期货公司开户，手续费为交易所标准的 9 折，帮助投资者把期货交易成本降到最低。

20 多年来，笔者主讲过的实战面授培训 300 多场次，网络视频培训达数千余场次，累计培训 10 万余人，有着极为丰富的教学经验，生动有趣的培训方式使大量投资者改变了之前错误的投资理念和投资者方式，走上了持续且稳定的盈利之路。

亏损只是因为没有学到正确的方法，以书为缘，未来的投资者之路，笔者与您携手，助力您的成功！

联系电话或微信：18588880518

QQ：987858807（李助教）

一阳

2021 年 10 月 1 日